KI

VERHALTENSWEISE

MUSTER

**Von Algorithmen zu Aktionen: Die
Verhaltensmuster von KI-Systemen erforschen**

© 2024 von Arlo Whitford . Alle Rechte vorbehalten .

Kein Teil dieser Veröffentlichung darf ohne vorherige schriftliche Zustimmung des Herausgebers in irgendeiner Form oder mit irgendwelchen Mitteln, einschließlich Fotokopieren, Aufzeichnen oder anderen elektronischen oder mechanischen Methoden, reproduziert, verbreitet oder übermittelt werden, außer im Falle kurzer Zitate in kritischen Rezensionen und bestimmter anderer nichtkommerzieller Verwendungen, die durch das Urheberrecht gestattet sind.

INHALTSVERZEICHNIS

EINLEITUNG: DIE ENTSTEHUNG VON KI-VERHALTENSMUSTERN 7

Überblick über KI und ihre sich entwickelnde Rolle in der menschlichen Gesellschaft 7
Warum es wichtig ist, das Verhalten von KI zu verstehen ...9
Der Einfluss von KI-Verhalten auf Industrie und Alltag .11

TEIL 1: GRUNDLAGEN DES KI-VERHALTENS 16

Verhaltensmuster in der KI verstehen 16
Verhalten im Kontext von KI definieren 16
Wie KI-Systeme lernen und Verhalten nachahmen 19
Wichtige Algorithmen und Methoden hinter KI-Verhalten 22

DIE WISSENSCHAFT DER KI-ENTSCHEIDUNGSFINDUNG 27

Wie KI-Systeme Informationen verarbeiten und Entscheidungen treffen 27
Bestärkendes Lernen und seine Rolle bei der Verhaltensbildung 30
Fallstudien zur Entscheidungsfindung durch KI in realen Anwendungen 33

DIE ROLLE VON DATEN BEI DER GESTALTUNG DES KI-VERHALTENS 36

Datenbasierte KI: Von Rohdaten zu Verhaltensmustern ..36
Verzerrungen in Daten und ihre Auswirkungen auf das KI-Verhalten 38

SICHERSTELLUNG EINES ETHISCHEN UND UNVOREINGENOMMENEN KI-VERHALTENS 40

TEIL 2: KI-VERHALTENSMUSTER IN AKTION 43

MUSTERERKENNUNG UND KI: DIE BAUSTEINE 43

WIE KI MUSTER IN GROSSEN DATENSÄTZEN ERKENNT 43

ANWENDUNGEN IN BILDERKENNUNG, SPRACHVERARBEITUNG UND MEHR 45

DIE ZUKUNFT DER MUSTERERKENNUNG IN DER KI-EVOLUTION 47

KI IN DER MODELLIERUNG MENSCHLICHEN VERHALTENS 49

WIE KI MENSCHLICHES VERHALTEN MODELLIERT: VON DER NACHAHMUNG ZUR VORHERSAGE 49

ANWENDUNGSFÄLLE IN MARKETING, GESUNDHEITSWESEN UND SICHERHEIT 50

ETHISCHE ÜBERLEGUNGEN BEI DER KI-GESTEUERTEN VERHALTENSMODELLIERUNG 52

SOZIALE KI: INTERAKTIONEN UND BEZIEHUNGEN STEUERN 54

DIE ROLLE DER KI BEI SOZIALEN INTERAKTIONEN UND DER KOMMUNIKATION 54

VIRTUELLE ASSISTENTEN UND DER AUFSTIEG DER SOZIAL INTELLIGENTEN KI 55

HERAUSFORDERUNGEN UND CHANCEN BEI DER SCHAFFUNG SOZIAL BEWUSSTER KI 56

KI UND VERHALTENSÖKONOMIE 58

DIE SCHNITTSTELLE ZWISCHEN KI UND WIRTSCHAFTLICHEM VERHALTEN 58

VORHERSAGE DES VERBRAUCHERVERHALTENS MIT KI 59

WIE KI DIE FINANZMÄRKTE UND VERBRAUCHERTRENDS VERÄNDERT 60

TEIL 3: FORTGESCHRITTENE KONZEPTE UND ZUKÜNFTIGE RICHTUNGEN 62

VERHALTENSANPASSUNG: KI LERNT VON IHRER UMGEBUNG 62

WIE SICH KI-SYSTEME IM LAUFE DER ZEIT WEITERENTWICKELN UND ANPASSEN 62

DIE ROLLE DES KONTINUIERLICHEN LERNENS BEI DER GESTALTUNG DES KI-VERHALTENS 64

FALLSTUDIEN ZU ADAPTIVER KI IN DYNAMISCHEN UMGEBUNGEN .65

KI IN AUTONOMEN SYSTEMEN: VERHALTEN IN BEWEGUNG 67

VERHALTENSMUSTER BEI AUTONOMEN FAHRZEUGEN, DROHNEN UND IN DER ROBOTIK 67

ENTSCHEIDUNGSFINDUNG UND PROBLEMLÖSUNG IN ECHTZEIT 68

DIE ZUKUNFT DER AUTONOMIE UND DES KI-VERHALTENS IN KOMPLEXEN UMGEBUNGEN 69

ETHIK DER KI-VERHALTENSMUSTER 71

DIE MORALISCHEN IMPLIKATIONEN VON KI-GESTEUERTEM VERHALTEN 71

KI-VERANTWORTLICHKEIT: WER IST FÜR KI-AKTIONEN VERANTWORTLICH? 72

GEWÄHRLEISTUNG VON TRANSPARENZ UND VERTRAUEN IN KI-SYSTEME 73

KI UND DIE ZUKUNFT DER MENSCH-KI-INTERAKTION ..75

Vorhersagen für die nächste Welle von KI-Verhaltensweisen 75

Die sich entwickelnde Beziehung zwischen Mensch und KI 76

Vorbereitung der Gesellschaft auf die wachsende Rolle der KI im Alltag 77

SCHLUSSFOLGERUNG **78**

EINLEITUNG: DIE ENTSTEHUNG VON KI-VERHALTENSMUSTERN

Überblick über KI und ihre sich entwickelnde Rolle in der menschlichen Gesellschaft

Künstliche Intelligenz (KI) hat sich von einem Nischenbereich der Informatik zu einer dominanten Kraft entwickelt, die Industrien, Volkswirtschaften und das tägliche Leben neu gestaltet. Ursprünglich auf die Lösung spezifischer Aufgaben ausgerichtet, zeigen KI-Systeme heute Verhaltensweisen, die menschlicher Entscheidungsfindung, Problemlösung und sogar sozialen Interaktionen sehr ähneln. Diese Entwicklung markiert einen bedeutenden Wandel von traditionellen regelbasierten Systemen hin zu KI, die lernen, sich anpassen und Verhaltensmuster entwickeln kann.

Die Reise der KI begann mit einfacher Automatisierung, bei der Maschinen so programmiert wurden, dass sie sich wiederholende Aufgaben ausführen. Im Laufe der Zeit ermöglichten Fortschritte im maschinellen Lernen, Deep Learning und neuronalen Netzwerken der KI, über statische Anweisungen hinauszugehen. Heute kann die KI riesige Datenmengen analysieren, Muster erkennen und Entscheidungen auf der Grundlage vergangener Erfahrungen treffen. Diese Fähigkeit hat die KI von einem Werkzeug zu einem Werkzeug gemacht, das vordefinierte Aufgaben für ein intelligentes System ausführt, das autonom arbeiten und aus seiner Umgebung lernen kann. Die sich entwickelnde Rolle der KI in der Gesellschaft zeigt sich in verschiedenen Sektoren. Im Gesundheitswesen revolutioniert KI die Diagnostik, die personalisierte Medizin und die Arzneimittelforschung. Im Finanzwesen sagen KI-gesteuerte Algorithmen Markttrends voraus, erkennen Betrug und optimieren Anlagestrategien. Im Bildungsbereich personalisieren KI-gestützte Plattformen Lernerfahrungen und bieten Feedback in Echtzeit. Diese Beispiele veranschaulichen, dass KI nicht nur ein technologischer Fortschritt ist, sondern eine Kraft, die Branchen neu definiert und unser tägliches Leben beeinflusst.

Da KI-Systeme jedoch immer ausgefeilter werden, wird es immer wichtiger, ihr Verhalten zu verstehen. Im Gegensatz zu herkömmlicher Software, bei der die Ausgabe auf der Grundlage der Eingabe vorhersehbar ist, können KI-Systeme komplexe Verhaltensweisen aufweisen, die nicht immer leicht zu erklären oder vorherzusagen sind. Diese Unvorhersehbarkeit wirft Fragen zu Vertrauen, Transparenz und Verantwortlichkeit in KI-gesteuerten Systemen auf. Daher ist das Verständnis der Verhaltensmuster von KI von entscheidender Bedeutung, um sicherzustellen, dass diese

Systeme sicher, ethisch und im Einklang mit menschlichen Werten funktionieren.

Warum es wichtig ist, das Verhalten von KI zu verstehen

Das Verhalten von KI-Systemen wird durch die Algorithmen, die sie antreiben, und die Daten, mit denen sie trainiert werden, geprägt. Wenn KI-Systeme immer stärker in die Gesellschaft integriert werden, kann ihr Verhalten erhebliche Konsequenzen haben. Beispielsweise können KI-Algorithmen, die bei Einstellungsprozessen eingesetzt werden, unbeabsichtigt Voreingenommenheit aufrechterhalten, wenn sie mit voreingenommenen Daten trainiert werden. Ebenso können KI-gesteuerte Empfehlungssysteme das Verbraucherverhalten beeinflussen, indem sie bestimmte Produkte oder Inhalte gegenüber anderen bevorzugen.

Das Verständnis des KI-Verhaltens ist aus mehreren Gründen von entscheidender Bedeutung:

1. Vertrauen und Transparenz: Damit KI-Systeme weithin angenommen werden, müssen die Benutzer darauf vertrauen können, dass sich diese Systeme wie erwartet verhalten. KI-Systeme funktionieren jedoch oft als „Black Boxes", bei denen der Entscheidungsprozess nicht transparent ist. Indem wir das Verhalten von KI verstehen, können wir sicherstellen,

dass diese Systeme transparenter sind und dass die Benutzer ihren Ergebnissen vertrauen können.

2. Ethische Auswirkungen: KI-Systeme haben das Potenzial, das Leben von Menschen tiefgreifend zu beeinflussen. Von autonomen Fahrzeugen bis hin zur medizinischen Diagnostik können KI-Entscheidungen lebensverändernde Folgen haben. Das Verständnis des KI-Verhaltens ist entscheidend um sicherzustellen, dass diese Systeme ethisch operieren und weder Einzelnen noch der Gesellschaft schaden.

3. Regulierung und Rechenschaftspflicht: Da KI-Systeme immer häufiger zum Einsatz kommen, besteht ein wachsender Bedarf an regulatorischen Rahmenbedingungen, die ihr Verhalten regeln. Das Verständnis des Verhaltens von KI-Systemen wird politischen Entscheidungsträgern dabei helfen, Vorschriften zu erlassen, die Rechenschaftspflicht gewährleisten und die Öffentlichkeit vor potenziellen Schäden schützen.

4. Minderung von Voreingenommenheit und Diskriminierung: KI-Systeme sind nur so gut wie die Daten, mit denen sie trainiert werden. Wenn die Daten voreingenommen sind, wird das KI-System wahrscheinlich voreingenommenes Verhalten zeigen. Indem wir das Verhalten von KI verstehen, können wir Voreingenommenheit in diesen Systemen identifizieren und

mindern und so sicherstellen, dass sie fair funktionieren und keine Diskriminierung aufrechterhalten.

5. Verbesserung von Leistung und Effizienz: Das Verständnis des KI-Verhaltens kann auch zu Leistungs- und Effizienzverbesserungen führen. Indem wir analysieren, wie sich KI-Systeme in verschiedenen Szenarien verhalten, können wir ihre Algorithmen optimieren, Fehler reduzieren und ihre Gesamteffektivität verbessern.

Der Einfluss des KI-Verhaltens auf Industrie und Alltag

Die Auswirkungen des KI-Verhaltens sind bereits in verschiedenen Branchen und in unserem täglichen Leben spürbar. Die Fähigkeit von KI-Systemen, aus Daten zu lernen, sich an neue Informationen anzupassen und autonom Entscheidungen zu treffen, hat weitreichende Auswirkungen.

1. Gesundheitswesen: KI verändert das Gesundheitswesen, indem sie schnellere und genauere Diagnosen, personalisierte Behandlungspläne und verbesserte Patientenergebnisse ermöglicht. Beispielsweise können KI-gesteuerte Systeme medizinische Bilder analysieren, um Krankheiten wie Krebs im Frühstadium zu erkennen, oft mit größerer Genauigkeit als menschliche Ärzte. Darüber hinaus wird KI verwendet, um Patientenergebnisse vorherzusagen,

Behandlungsmöglichkeiten zu empfehlen und sogar bei Operationen zu assistieren. Das Verhalten von KI im Gesundheitswesen muss jedoch sorgfältig überwacht werden, um sicherzustellen, dass es keine Fehler oder Voreingenommenheiten einführt, die den Patienten schaden könnten.

2. Finanzen: Im Finanzsektor wird KI eingesetzt, um Marktdaten zu analysieren, Trends vorherzusagen und Handelsstrategien zu optimieren. KI-Algorithmen können riesige Mengen an Finanzdaten in Echtzeit verarbeiten und so in Sekundenbruchteilen Entscheidungen treffen, die zu erheblichen Gewinnen führen können. Das Verhalten von KI im Finanzsektor birgt jedoch auch Risiken. Beispielsweise kann KI-gesteuerter Handel Systeme können zur Marktvolatilität beitragen und, wenn sie nicht angemessen reguliert werden, zu Finanzkrisen führen.

3. Einzelhandel: KI verändert den Einzelhandel, indem sie das Kundenerlebnis verbessert, Lieferketten optimiert und Marketingmaßnahmen personalisiert. KI-gesteuerte Empfehlungssysteme analysieren das Kundenverhalten, um Produkte vorzuschlagen, die wahrscheinlich von Interesse sind, was den Umsatz und die Kundenzufriedenheit steigert. Das Verhalten dieser Systeme wirft jedoch auch Bedenken hinsichtlich des Datenschutzes und des

Manipulationspotenzials auf. Das Verständnis des KI-Verhaltens im Einzelhandel ist von entscheidender Bedeutung, um sicherzustellen, dass diese Systeme die Verbraucherrechte respektieren und fair arbeiten.

4. Transport: Autonome Fahrzeuge sind eines der sichtbarsten Beispiele für KI in Aktion. Diese Fahrzeuge verlassen sich auf KI, um Straßen zu navigieren, Hindernissen auszuweichen und Echtzeitentscheidungen zu treffen, um die Sicherheit der Passagiere zu gewährleisten. Das Verhalten der KI in autonomen Fahrzeugen ist jedoch komplex und muss gründlich getestet werden, um sicherzustellen, dass diese Systeme mit einer Vielzahl von Szenarien umgehen können. Das Potenzial für Unfälle oder Fehlfunktionen unterstreicht, wie wichtig es ist, das Verhalten der KI im Transportwesen zu verstehen und zu regulieren.

5. Bildung: KI revolutioniert die Bildung, indem sie personalisierte Lernerfahrungen bietet, Verwaltungsaufgaben automatisiert und Fernunterricht ermöglicht. KI-gesteuerte Plattformen können Anpassung an individuelle Lernstile, Bereitstellung maßgeschneiderter Inhalte und Echtzeit-Feedback. Das Verhalten von KI im Bildungsbereich wirft jedoch auch Bedenken hinsichtlich des Datenschutzes, der möglichen Voreingenommenheit bei Bildungsinhalten und der Entmenschlichung von Lernerfahrungen auf. Das Verständnis des KI-Verhaltens im Bildungsbereich ist

unerlässlich, um sicherzustellen, dass diese Systeme das Lernerlebnis verbessern und nicht beeinträchtigen.

6. Unterhaltung: KI wird in der Unterhaltungsbranche zunehmend eingesetzt, um Inhalte zu erstellen, Medien zu empfehlen und sogar Musik und Kunst zu generieren. KI-gesteuerte Empfehlungssysteme auf Plattformen wie Netflix und Spotify analysieren das Nutzerverhalten, um Inhalte vorzuschlagen, die ihren Vorlieben entsprechen. Dies verbessert zwar das Benutzererlebnis, wirft aber auch Fragen zu den Auswirkungen von KI auf Kreativität und kulturelle Vielfalt auf. Das Verständnis des KI-Verhaltens in der Unterhaltungsbranche ist entscheidend, um sicherzustellen, dass diese Systeme ein vielfältiges Inhaltsspektrum fördern und die Kreativität nicht ersticken.

7. Sicherheit und Überwachung: KI wird in den Bereichen Sicherheit und Überwachung eingesetzt, um Bedrohungen zu erkennen, Muster zu analysieren und kriminelles Verhalten vorherzusagen. KI-gesteuerte Systeme können Videomaterial analysieren, Gesichter erkennen und verdächtige Aktivitäten in Echtzeit identifizieren. Das Verhalten von KI in den Bereichen Sicherheit und Überwachung wirft jedoch erhebliche ethische Bedenken auf, darunter

Datenschutzverletzungen und Missbrauchspotenzial. Verständnis In diesem Zusammenhang ist das Verhalten von KI von entscheidender Bedeutung, um Sicherheitsbedürfnisse mit individuellen Rechten in Einklang zu bringen.

8. Personalwesen: KI wird in Einstellungsprozessen zunehmend eingesetzt, um Lebensläufe zu sichten, Kandidaten zu beurteilen und sogar Vorstellungsgespräche zu führen. KI-gesteuerte Systeme können riesige Mengen an Kandidatendaten analysieren, um die am besten geeignete Person für eine Stelle zu finden. Das Verhalten von KI im Personalwesen kann jedoch auch Vorurteile aufrechterhalten, wenn es nicht sorgfältig überwacht wird. Das Verständnis des KI-Verhaltens in diesem Bereich ist entscheidend, um sicherzustellen, dass Einstellungsprozesse fair und inklusiv sind.

Das Aufkommen von KI-Verhaltensmustern markiert eine neue Ära in der Entwicklung der künstlichen Intelligenz. Da KI-Systeme immer ausgefeilter werden, ist das Verständnis ihres Verhaltens kein technisches Problem mehr, sondern ein gesellschaftliches Gebot. Die Auswirkungen des KI-Verhaltens auf Industrie und Alltag sind tiefgreifend und ihr Einfluss wird mit der Weiterentwicklung der KI nur noch zunehmen.

TEIL 1: GRUNDLAGEN DES KI-VERHALTENS

Verhaltensmuster in der KI verstehen

Künstliche Intelligenz (KI) stellt einen Paradigmenwechsel in der Art und Weise dar, wie wir mit Technologie interagieren. Sie ermöglicht es Maschinen, nicht nur vordefinierte Aufgaben auszuführen, sondern auch Verhaltensweisen zu zeigen, die menschlichen Handlungen und Entscheidungsprozessen sehr ähnlich sind. Um die Fähigkeiten und Grenzen der KI voll zu verstehen, ist es wichtig, die grundlegenden Konzepte des KI-Verhaltens zu verstehen, einschließlich der Definition, wie KI-Systeme Verhalten lernen und nachahmen und die zugrunde liegenden Algorithmen und Methoden.

Verhalten im Kontext von KI definieren

Verhalten in der KI bezieht sich auf die beobachtbaren Aktionen oder Reaktionen eines KI-Systems, wenn es mit seiner Umgebung interagiert oder Daten verarbeitet. Im Gegensatz zu herkömmlicher Software, die expliziten Anweisungen folgt, die von Entwicklern codiert werden, zeigen KI-Systeme häufig Verhalten, das sich aus ihren

Lernprozessen und Interaktionen mit Daten ergibt. Dieses Verhalten kann grob in mehrere Typen eingeteilt werden:

1. **Reaktives Verhalten:** Reaktives Verhalten in KI-Systemen ist durch direkte Reaktionen auf bestimmte Eingaben gekennzeichnet, ohne dass vergangene Interaktionen oder zukünftige Auswirkungen berücksichtigt werden. Beispielsweise zeigt eine Empfehlungsmaschine, die Produkte basierend auf der aktuellen Suchanfrage eines Benutzers vorschlägt, reaktives Verhalten. Diese Systeme sind normalerweise so konzipiert, dass sie auf unmittelbare Eingaben in einer vordefinierten Weise reagieren.

2. **Adaptives Verhalten:** Adaptives Verhalten tritt auf, wenn ein KI-System seine Aktionen auf der Grundlage von Feedback oder neuen Daten ändert. Beispielsweise zeigt ein maschinelles Lernmodell, dessen Genauigkeit mit der Zeit durch die Verarbeitung weiterer Daten zunimmt, adaptives Verhalten. Diese Art von Verhalten ist entscheidend für Systeme, die sich weiterentwickeln und an veränderte Bedingungen anpassen müssen.

3. **Prädiktives Verhalten:** Prädiktives Verhalten beinhaltet das Erstellen von Prognosen oder Schätzungen über zukünftige Ereignisse auf der Grundlage historischer Daten. Beispielsweise verwenden prädiktive Analysetools im Finanzbereich historische Marktdaten, um zukünftige Trends

vorherzusagen. Prädiktives Verhalten erfordert, dass das KI-System Muster analysiert und fundierte Entscheidungen über zukünftige Ergebnisse trifft.

4. **Autonomes Verhalten:** Autonomes Verhalten bezieht sich auf die Fähigkeit eines KI-Systems, unabhängig zu arbeiten und Entscheidungen ohne menschliches Eingreifen zu treffen. Autonome Fahrzeuge beispielsweise zeigen autonomes Verhalten, wenn sie auf Straßen navigieren und Fahrentscheidungen auf der Grundlage von Echtzeitdaten treffen. Diese Art von Verhalten ist komplex und beinhaltet die Integration verschiedener Formen von Eingabe- und Entscheidungsprozessen.

5. **Soziales Verhalten:** Soziales Verhalten in der KI umfasst Interaktionen, die menschliche soziale Interaktionen nachahmen, wie Konversation und Empathie. Soziale KI-Systeme wie virtuelle Assistenten oder Chatbots sind darauf ausgelegt, mit Benutzern auf eine Weise zu interagieren, die sich natürlich und menschlich anfühlt. Dieses Verhalten wird oft durch natürliche Sprachverarbeitung und Stimmungsanalyse erreicht.

Das Verständnis dieser Verhaltensweisen ist für die Entwicklung von KI-Systemen, die bestimmte

Anforderungen erfüllen und in ihren vorgesehenen Umgebungen effektiv funktionieren, von entscheidender Bedeutung. Mit der Weiterentwicklung der KI-Technologie werden auch die Komplexität und der Umfang des KI-Verhaltens zunehmen. Um dieses Verhalten zu steuern und zu optimieren, sind fortlaufende Forschung und Entwicklung erforderlich.

Wie KI-Systeme lernen und Verhalten nachahmen

KI-Systeme lernen und imitieren Verhalten durch verschiedene Methoden, hauptsächlich durch maschinelles Lernen (ML) und Deep Learning-Techniken. Diese Lernprozesse ermöglichen KI Systeme, die sich an neue Informationen anpassen, ihre Leistung im Laufe der Zeit verbessern und menschliches Verhalten nachahmen. Die wichtigsten Mechanismen hinter diesem Lernen sind:

1. Überwachtes Lernen: Überwachtes Lernen ist ein gängiger Ansatz des maschinellen Lernens, bei dem ein KI-System anhand eines beschrifteten Datensatzes trainiert wird. Bei dieser Methode lernt das System, Eingaben anhand von während des Trainings bereitgestellten Beispielen Ausgaben zuzuordnen. Beispielsweise könnte ein überwachter Lernalgorithmus für die Bilderkennung anhand von Tausenden beschrifteter Bilder (z. B. Katzen und Hunde) trainiert werden, um zu lernen, wie neue

Bilder genau klassifiziert werden. Das Verhalten des Systems wird durch die Muster geprägt, die es aus den Trainingsdaten lernt, sodass es Vorhersagen oder Klassifizierungen basierend auf neuen Eingaben treffen kann.
2. Unüberwachtes Lernen: Beim unüberwachten Lernen wird ein KI-System anhand unbeschrifteter Daten trainiert, wobei das System selbst Muster und Strukturen erkennen muss. Dieser Ansatz wird für Aufgaben wie Clustering und Dimensionsreduzierung verwendet. Ein Algorithmus für unüberwachtes Lernen könnte beispielsweise Kundendaten analysieren, um Kunden basierend auf ihrem Kaufverhalten in verschiedene Gruppen zu unterteilen. Das Verhalten des Systems wird durch die inhärente Struktur der Daten beeinflusst, wodurch es verborgene Beziehungen und Muster aufdecken kann.
3. Reinforcement Learning: Reinforcement Learning ist eine Methode, bei der ein KI-System lernt, indem es mit einer Umgebung interagiert und Feedback in Form von Belohnungen oder Strafen erhält. Das System trifft Entscheidungen auf Grundlage des aktuellen Zustands, ergreift Maßnahmen und erhält Feedback, das zukünftige Entscheidungen beeinflusst. Dieser Ansatz wird häufig in Szenarien verwendet, in denen optimale Entscheidungsfindung erforderlich ist, wie etwa bei Spielen oder in der Robotik. Beispielsweise könnte ein Reinforcement-Learning-Algorithmus verwendet werden, um einen Roboter zu trainieren, durch ein Labyrinth zu navigieren, indem erfolgreiche Navigation belohnt und Kollisionen bestraft werden.

4. Imitationslernen: Beim Imitationslernen wird einem KI-System beigebracht, das Verhalten eines Menschen oder eines anderen KI-Systems nachzuahmen. Dieser Ansatz wird häufig in Szenarien verwendet, in denen eine direkte Überwachung unpraktisch ist. Beispielsweise könnte ein KI-System lernen, ein Videospiel zu spielen, indem es die Aktionen eines menschlichen Spielers beobachtet und nachahmt. Das Verhalten des Systems wird durch die gezeigten Aktionen geprägt, sodass es in ähnlichen Situationen ähnliches Verhalten nachbilden kann.
5. Transferlernen: Beim Transferlernen wird das in einer Aufgabe oder Domäne gewonnene Wissen genutzt, um die Leistung in einer anderen, verwandten Aufgabe oder Domäne zu verbessern. Dieser Ansatz ist nützlich, wenn für die Zielaufgabe nur begrenzte Daten verfügbar sind. Beispielsweise könnte ein Modell, das darauf trainiert ist, Objekte in Bildern zu erkennen, angepasst werden, um bestimmte Objekttypen in einem anderen Kontext zu erkennen. Transferlernen ermöglicht es KI-Systemen, zuvor erlernte Verhaltensweisen auf neue, aber verwandte Szenarien anzuwenden.

Diese Lernmethoden ermöglichen es KI-Systemen, komplexe Verhaltensweisen zu entwickeln, die menschliches Denken und Entscheidungsverhalten nachahmen. Durch die kontinuierliche Verarbeitung von Daten, den Empfang von Feedback, Durch die Anpassung ihrer Algorithmen können KI-Systeme ihr Verhalten im Laufe der Zeit weiterentwickeln und verfeinern.

Wichtige Algorithmen und Methoden hinter KI-Verhalten

Das Verhalten von KI-Systemen beruht auf mehreren Algorithmen und Methoden, die jeweils zu unterschiedlichen Aspekten des Lernens und der Entscheidungsfindung beitragen. Das Verständnis dieser Algorithmen ist entscheidend für die Entwicklung effektiver KI-Systeme und die Steuerung ihres Verhaltens. Zu den wichtigsten Algorithmen und Methoden gehören:

1. Neuronale Netze: Neuronale Netze sind eine grundlegende Komponente vieler KI-Systeme, insbesondere beim Deep Learning. Diese Netze bestehen aus miteinander verbundenen Knoten (Neuronen), die in Schichten (Eingabe-, verborgene und Ausgabeschichten) organisiert sind. Neuronale Netze sind darauf ausgelegt, komplexe Muster und Darstellungen aus Daten zu lernen. Beispielsweise werden Convolutional Neural Networks (CNNs) häufig für Bilderkennungsaufgaben verwendet, während Recurrent Neural Networks (RNNs) für Sequenzmodellierung und Verarbeitung natürlicher Sprache verwendet werden.
2. Entscheidungsbäume: Entscheidungsbäume sind ein einfacher, aber leistungsstarker Algorithmus, der für

Klassifizierungs- und Regressionsaufgaben verwendet wird. Ein Entscheidungsbaum teilt Daten basierend auf Merkmalswerten in Teilmengen auf und erstellt so eine baumartige Struktur von Entscheidungen und Ergebnissen. Jeder Knoten im Baum stellt eine Entscheidung basierend auf einem Merkmal dar und jeder Zweig stellt ein Ergebnis dar.
Entscheidungsbäume sind interpretierbar und können verwendet werden, um zu verstehen, wie KI-Systeme Entscheidungen basierend auf verschiedenen Eingaben treffen.

3. Support Vector Machines (SVMs): Support Vector Machines sind ein überwachter Lernalgorithmus, der für Klassifizierungs- und Regressionsaufgaben verwendet wird. SVMs finden die optimale Hyperebene, die verschiedene Klassen im Merkmalsraum trennt. Das Ziel besteht darin, den Abstand zwischen den Klassen zu maximieren und sicherzustellen, dass der Klassifikator sowohl bei Trainings- als auch bei Testdaten gute Ergebnisse liefert. SVMs sind effektiv für Aufgaben, bei denen die Daten nicht linear trennbar sind.

4. K-Nearest Neighbors (KNN): K-Nearest Neighbors ist ein nichtparametrischer Algorithmus, der für Klassifizierungs- und Regressionsaufgaben verwendet

wird. Der Algorithmus weist einem Datenpunkt basierend auf den Klassen oder Werten seiner k-nächsten Nachbarn eine Klasse oder einen Wert zu. KNN ist einfach zu implementieren und kann für kleine Datensätze effektiv sein, kann jedoch bei großen Datensätzen rechenintensiv sein.

5. Gradient Boosting: Gradient Boosting ist eine Ensemble-Lernmethode, die mehrere schwache Lerner (z. B. Entscheidungsbäume) kombiniert, um einen starken Lerner zu erstellen. Der Algorithmus fügt iterativ neue Modelle hinzu, um die Fehler vorheriger Modelle zu korrigieren und so die Gesamtleistung zu optimieren. Gradient Boosting ist für seine hohe Genauigkeit bekannt und wird in verschiedenen Anwendungen verwendet, darunter Klassifizierung und Regression.

6. Clustering-Algorithmen: Clustering-Algorithmen gruppieren ähnliche Datenpunkte anhand ihrer Merkmale. Zu den gängigen Clustering-Algorithmen gehören K-Means, hierarchisches Clustering und DBSCAN. Clustering wird für Aufgaben wie Kundensegmentierung, Anomalieerkennung und Mustererkennung verwendet. Diese Algorithmen ermöglichen es KI-Systemen, natürliche

Gruppierungen und Beziehungen innerhalb von Daten zu identifizieren.

7. Verarbeitung natürlicher Sprache (NLP): Die Verarbeitung natürlicher Sprache ist ein Teilgebiet der KI, das sich auf die Interaktion zwischen Computern und menschlicher Sprache konzentriert. NLP-Algorithmen ermöglichen es KI-Systemen, natürliche Sprache zu verstehen, zu generieren und zu manipulieren. Techniken wie Tokenisierung, Named Entity Recognition und Sentimentanalyse werden zur Verarbeitung und Analyse von Textdaten verwendet. NLP ist für Anwendungen wie Chatbots, Sprachübersetzung und Textzusammenfassung von entscheidender Bedeutung.

8. Generative Adversarial Networks (GANs): Generative Adversarial Networks sind eine Klasse von Deep-Learning-Algorithmen, die zum Generieren neuer Datenproben verwendet werden, die einem bestimmten Datensatz ähneln. GANs bestehen aus zwei neuronalen Netzwerken – einem Generator und einem Diskriminator – die miteinander konkurrieren. Der Generator erstellt synthetische Datenproben, während der Diskriminator deren Authentizität bewertet. GANs werden für Aufgaben wie

Bildgenerierung, Datenerweiterung und kreative Inhaltsgenerierung verwendet.

DIE WISSENSCHAFT DER KI-ENTSCHEIDUNGSFINDUNG

Systeme der künstlichen Intelligenz (KI) haben die Art und Weise, wie Entscheidungen in verschiedenen Bereichen getroffen werden, revolutioniert. Von autonomen Fahrzeugen bis hin zu Empfehlungssystemen ist das Verständnis, wie KI-Systeme Informationen verarbeiten und Entscheidungen treffen, von entscheidender Bedeutung für die Entwicklung effektiver und zuverlässiger Technologien. Dieser Abschnitt befasst sich mit der Wissenschaft der KI-Entscheidungsfindung, einschließlich der Mechanismen hinter Entscheidungsprozessen, der Rolle des bestärkenden Lernens und realer Anwendungen.

Wie KI-Systeme Informationen verarbeiten und Entscheidungen treffen

KI-Systeme verarbeiten Informationen und treffen Entscheidungen durch eine Kombination aus Algorithmen, Daten und Rechentechniken. Der Entscheidungsprozess umfasst im Allgemeinen die folgenden Schritte:

1. Datenerfassung und Vorverarbeitung: KI-Systeme beginnen mit der Erfassung und Vorverarbeitung von Daten, die als Grundlage für die

Entscheidungsfindung dienen. Bei der Datenerfassung werden Rohdaten aus verschiedenen Quellen wie Sensoren, Benutzereingaben oder Datenbanken gesammelt. Die Vorverarbeitung umfasst das Bereinigen, Transformieren und Normalisieren der Daten, um sie für die Analyse geeignet zu machen. Bei der Bilderkennung kann die Vorverarbeitung beispielsweise die Größenänderung von Bildern und das Anpassen von Farbwerten umfassen.

2. Merkmalsextraktion: Bei der Merkmalsextraktion geht es darum, relevante Merkmale oder Attribute aus den Daten zu identifizieren und auszuwählen, die für die Entscheidungsfindung wichtig sind. Bei der Verarbeitung natürlicher Sprache (NLP) kann die Merkmalsextraktion beispielsweise das Identifizieren von Schlüsselwörtern oder Phrasen aus Textdaten umfassen. Bei der Bilderkennung können Merkmale Kanten, Texturen oder Formen umfassen.

3. Modelltraining: Das KI-System verwendet die vorverarbeiteten Daten und extrahierten Merkmale, um ein Modell zu trainieren. Während des Trainings lernt das Modell Muster und Beziehungen innerhalb der Daten mithilfe von Algorithmen wie neuronalen Netzwerken, Entscheidungsbäumen oder Support

Vector Machines. Ziel ist die Entwicklung eines Modells, das auf der Grundlage neuer, bisher unbekannter Daten genaue Vorhersagen oder Klassifizierungen treffen kann.

4. Entscheidungsfindung: Nach dem Training verarbeitet das KI-Modell neue Eingaben und trifft Entscheidungen auf der Grundlage der erlernten Muster. In diesem Schritt wird das Modell auf Echtzeitdaten angewendet, um Ergebnisse oder Vorhersagen zu generieren. Ein Empfehlungssystem könnte beispielsweise Produkte auf der Grundlage von Benutzerpräferenzen vorschlagen, während ein autonomes Fahrzeug auf der Grundlage von Sensordaten die beste Route bestimmen könnte.

5. Bewertung und Feedback: Nach der Entscheidungsfindung werden KI-Systeme anhand ihrer Leistung und Genauigkeit bewertet. Feedback wird gesammelt, um zu beurteilen, wie gut die Entscheidungen des Systems mit den gewünschten Ergebnissen übereinstimmen. Dieses Feedback kann verwendet werden, um das Modell zu optimieren, seine Genauigkeit zu verbessern und es an veränderte Bedingungen anzupassen.

KI-Entscheidungsprozesse basieren auf komplexen Algorithmen und Rechentechniken, um Daten zu analysieren und Erkenntnisse zu gewinnen. Das Verständnis dieser Prozesse ist für die Entwicklung von KI-Systemen unerlässlich, die präzise, zuverlässig und in der Lage sind, komplexe Aufgaben zu bewältigen.

Bestärkendes Lernen und seine Rolle bei der Verhaltensbildung

Reinforcement Learning (RL) ist eine Schlüsseltechnik in der KI, die eine entscheidende Rolle bei der Verhaltensbildung spielt. Im Gegensatz zum überwachten Lernen, das auf gekennzeichneten Daten basiert, wird beim Reinforcement Learning ein Agent trainiert, Entscheidungen auf der Grundlage von Interaktionen mit seiner Umgebung zu treffen. Der Agent lernt durch eine Prozess von Versuch und Irrtum, wobei man auf der Grundlage seiner Handlungen Belohnungen oder Strafen erhält.

1. Grundkonzepte des bestärkenden Lernens: Bestärkendes Lernen basiert auf dem Konzept eines Agenten, der mit einer Umgebung interagiert, um bestimmte Ziele zu erreichen. Der Agent führt Aktionen innerhalb der Umgebung aus und erhält Feedback in Form von Belohnungen oder Strafen. Ziel ist es, eine Richtlinie zu erlernen – eine Strategie zur Auswahl

von Aktionen, die die kumulativen Belohnungen im Laufe der Zeit maximieren.

- Agent: Die Entität, die innerhalb der Umgebung Entscheidungen trifft und Aktionen ausführt.

- Umgebung: Der externe Kontext, in dem der Agent arbeitet und interagiert.

- Aktion: Die Auswahlmöglichkeiten oder Verhaltensweisen, die der Agent ergreifen kann.

- Belohnung: Das Feedback, das der Agent aufgrund seiner Aktionen aus der Umgebung erhält.

- Richtlinie: Die Strategie oder Zuordnung von Zuständen zu Aktionen, die der Agent zum Treffen von Entscheidungen verwendet.

- Wertfunktion: Eine Funktion, die die erwartete kumulative Belohnung für einen bestimmten Zustand oder eine bestimmte Aktion schätzt.

2. Exploration vs. Exploitation: Eine der wichtigsten Herausforderungen beim bestärkenden Lernen ist die Balance zwischen Exploration und

Ausbeutung. Bei der Erkundung werden neue Aktionen ausprobiert, um ihre Auswirkungen zu entdecken, während bei der Ausbeutung bekannte Aktionen genutzt werden, die zuvor hohe Gewinne eingebracht haben. Für effektives Lernen und Entscheidungsfindung ist es entscheidend, das richtige Gleichgewicht zu finden.

3. Q-Learning: Q-Learning ist ein beliebter Algorithmus für bestärkendes Lernen, der verwendet wird, um den Wert von Aktionen in verschiedenen Zuständen zu lernen. Der Algorithmus verwaltet eine Q-Tabelle, in der jeder Eintrag die erwartete Belohnung für die Durchführung einer bestimmten Aktion in jedem Zustand darstellt. Der Agent aktualisiert die Q-Werte basierend auf dem aus der Umgebung erhaltenen Feedback und lernt nach und nach die optimale Strategie.

4. Deep Reinforcement Learning: Deep Reinforcement Learning kombiniert Reinforcement Learning mit Deep-Learning-Techniken, um komplexe Umgebungen mit hochdimensionalen Zustands- und Aktionsräumen zu bewältigen. Ein Beispiel für diesen Ansatz sind Deep Q-Networks (DQN), bei denen neuronale Netzwerke zur Approximation der Q-Werte verwendet werden. Diese Technik wurde erfolgreich auf Aufgaben wie das Spielen von Atari-Spielen und die Steuerung von Robotersystemen angewendet.

5. Anwendungen des Reinforcement Learning: Reinforcement Learning wurde in verschiedenen realen Szenarien angewendet, darunter Robotik, Gaming und Finanzen. Beispielsweise wurde RL verwendet, um Roboter für Aufgaben wie das Greifen von Objekten und das

Navigieren in Umgebungen zu trainieren. Im Gaming hat RL in Spielen wie AlphaGo übermenschliche Leistungen erzielt und Dota 2. Im Finanzwesen wird RL für algorithmischen Handel und Portfoliooptimierung verwendet.

Reinforcement Learning bietet einen Rahmen für die Entwicklung von KI-Systemen, die ihr Verhalten anhand von Interaktionen mit ihrer Umgebung erlernen und anpassen können. Durch die Nutzung von Belohnungen und Feedback ermöglicht Reinforcement Learning den Systemen, komplexe Verhaltensweisen zu entwickeln und Entscheidungen zu treffen, die den langfristigen Nutzen maximieren.

Fallstudien zur Entscheidungsfindung durch KI in realen Anwendungen

1. Autonome Fahrzeuge: Autonome Fahrzeuge verlassen sich auf KI-Entscheidungen, um auf Straßen zu navigieren, Hindernissen auszuweichen und Fahrentscheidungen zu treffen. Diese Fahrzeuge verwenden eine Kombination aus Sensoren, Kameras und KI-Algorithmen, um Daten in Echtzeit zu verarbeiten und Entscheidungen über Geschwindigkeit, Spurwechsel und Bremsen zu treffen. Beispielsweise verwendet das Autopilot-System von Tesla Deep-Learning-Algorithmen, um Sensordaten zu interpretieren und Fahrentscheidungen zu treffen, sodass das

Fahrzeug unter bestimmten Bedingungen autonom fahren kann.

2. Empfehlungssysteme: Empfehlungssysteme, wie sie von Netflix und Amazon verwendet werden, nutzen KI-basierte Entscheidungsfindung, um Produkte oder Inhalte basierend auf Benutzerpräferenzen und -verhalten vorzuschlagen. Diese Systeme analysieren historische

Daten, Benutzerinteraktionen und Kontextinformationen, um personalisierte Empfehlungen zu generieren. Netflix verwendet beispielsweise kollaborative Filterung und inhaltsbasierte Methoden, um Benutzern Filme und Fernsehsendungen zu empfehlen und so ihr Seherlebnis zu verbessern.

3. Gesundheitsdiagnostik: KI-basierte Entscheidungsfindung wird zunehmend in der Gesundheitsdiagnostik eingesetzt, um Krankheiten zu erkennen und Behandlungen zu empfehlen. Beispielsweise analysieren KI-Algorithmen medizinische Bilder wie Röntgen- und MRT-Aufnahmen, um Anomalien zu erkennen und Erkrankungen zu diagnostizieren. IBMs Watson for Oncology nutzt KI, um Patientendaten zu analysieren und Behandlungsmöglichkeiten auf Grundlage der neuesten Forschungsergebnisse und klinischen Richtlinien zu empfehlen.

4. Betrugserkennung: KI-Systeme werden in Finanzinstituten eingesetzt, um betrügerische Aktivitäten zu erkennen und zu

verhindern. Diese Systeme analysieren Transaktionsmuster, Benutzerverhalten und historische Daten, um Anomalien und potenziellen Betrug zu erkennen. Beispielsweise verwenden Kreditkartenunternehmen Algorithmen für maschinelles Lernen, um verdächtige Transaktionen zu kennzeichnen und betrügerische Abbuchungen zu verhindern.

5. Kundenservice-Chatbots: KI-gestützte Chatbots werden im Kundenservice eingesetzt, um automatisierte Antworten auf Kundenanfragen zu geben und Probleme zu lösen. Diese Chatbots verwenden natürliche Sprachverarbeitung (NLP) und maschinelles Lernen.

Lernalgorithmen, um Benutzeranfragen zu verstehen und entsprechende Antworten zu generieren. Beispielsweise verwenden Unternehmen wie H&M und Sephora Chatbots, um Kunden mit Produktempfehlungen und Auftragsverfolgung zu unterstützen.

DIE ROLLE VON DATEN BEI DER GESTALTUNG DES KI-VERHALTENS

Daten spielen eine grundlegende Rolle bei der Gestaltung des KI-Verhaltens. Qualität, Quantität und Vielfalt der Daten wirken sich direkt darauf aus, wie KI-Systeme lernen, Entscheidungen treffen und Verhalten zeigen. In diesem Abschnitt wird die Rolle von Daten in der KI untersucht, einschließlich datengesteuerter KI, Verzerrungen in Daten und der Gewährleistung eines ethischen und unvoreingenommenen KI-Verhaltens.

Datengesteuerte KI: Von Rohdaten zu Verhaltensmustern

1. Datenerfassung: Bei der Datenerfassung werden Rohdaten aus verschiedenen Quellen wie Sensoren, Benutzerinteraktionen und Datenbanken gesammelt. Die Qualität der erfassten Daten wirkt sich auf die Leistung und Genauigkeit von KI-Systemen aus. Bei der Bilderkennung beispielsweise tragen hochauflösende Bilder mit klaren Beschriftungen zu einer besseren Modellleistung bei.

2. Datenvorverarbeitung: Bei der Datenvorverarbeitung werden Rohdaten bereinigt, transformiert und normalisiert, um sie für die Analyse geeignet zu machen. Dieser Schritt

umfasst die Behandlung fehlender Werte, das Entfernen von Rauschen und Skalierungsfunktionen. Eine ordnungsgemäße Vorverarbeitung stellt sicher, dass die Daten genau und konsistent sind, was für das Trainieren effektiver KI-Modelle von entscheidender Bedeutung ist.

3. Feature Engineering: Beim Feature Engineering werden aus Rohdaten relevante Features ausgewählt und erstellt. Features sind die Attribute oder Merkmale, die von KI-Modellen zur Entscheidungsfindung verwendet werden. In der prädiktiven Analyse können Features beispielsweise Kundendemografie, Transaktionsverlauf und Verhaltensmetriken umfassen. Effektives Feature Engineering verbessert die Lernfähigkeit des Modells und die Möglichkeit, genaue Vorhersagen zu treffen.

4. Modelltraining: Beim Modelltraining lernen KI-Systeme aus den vorverarbeiteten Daten und extrahierten Merkmalen, Muster und Beziehungen zu entwickeln. Die Qualität der Daten beeinflusst direkt die Fähigkeit des Modells, zu verallgemeinern und genaue Entscheidungen zu treffen. Beispielsweise kann ein Empfehlungssystem, das auf unterschiedliche Benutzerpräferenzen trainiert wurde, personalisiertere Vorschläge liefern.

5. Verhaltensmuster: KI-Systeme weisen Verhaltensmuster auf, die auf den von ihnen verarbeiteten Daten und den von

ihnen verwendeten Modellen basieren. Diese Muster können Entscheidungsprozesse, Reaktionsverhalten und Interaktionen mit Benutzern umfassen. Beispielsweise wird das Verhalten eines Chatbots bei der Beantwortung von Kundenanfragen von den Daten geprägt, mit denen er trainiert wurde, und den Algorithmen, die er verwendet.

Datengesteuerte KI ermöglicht es Systemen, aus Daten zu lernen, sich an neue Informationen anzupassen und komplexe Verhaltensweisen zu entwickeln.

Durch die Nutzung von Daten können KI-Systeme fundierte Entscheidungen treffen und wertvolle Erkenntnisse für verschiedene Anwendungen liefern.

Verzerrungen in Daten und ihre Auswirkungen auf das KI-Verhalten

1. Arten von Verzerrungen: Datenverzerrungen können verschiedene Ursachen haben, darunter Stichprobenverzerrungen, Messfehler und historische Verzerrungen. Stichprobenverzerrungen treten auf, wenn die gesammelten Daten nicht repräsentativ für die gesamte Bevölkerung sind. Messfehler beinhalten Ungenauigkeiten bei der Datenaufzeichnung oder -kennzeichnung. Historische Verzerrungen spiegeln gesellschaftliche Ungleichheiten und Vorurteile wider, die in historischen Daten vorhanden sind.

2. Auswirkungen auf das KI-Verhalten: Verzerrungen in den Daten können zu einem voreingenommenen KI-Verhalten führen, was wiederum unfaire oder diskriminierende Ergebnisse zur Folge hat. Wenn beispielsweise ein Gesichtserkennungssystem hauptsächlich mit männlichen Gesichtern trainiert wird, kann es bei weiblichen Gesichtern schlechte Ergebnisse liefern. Ebenso können verzerrte Daten in Einstellungsalgorithmen zu diskriminierenden Praktiken bei der Personalbeschaffung führen.

3. Erkennen und Abmildern von Verzerrungen: Das Erkennen und Abmildern von Verzerrungen umfasst das Identifizieren und Beheben von Verzerrungsquellen in Daten und KI-Modellen. Zu den Techniken gehören das Überprüfen von Datensätzen auf Fairness, der Einsatz von Algorithmen zur Verzerrungserkennung und das Implementieren von Fairnessbeschränkungen in Modellen. Zum Beispiel Techniken wie das Neugewichten von Daten, das Übersampling unterrepräsentierter Gruppen und Die Anwendung fairnessbewusster Algorithmen kann dazu beitragen, die Voreingenommenheit in KI-Systemen zu verringern.

4. Ethische Überlegungen: Die Beseitigung von Voreingenommenheit in der KI ist entscheidend, um ein ethisches und verantwortungsvolles KI-Verhalten

sicherzustellen. Organisationen sollten Transparenz, Verantwortlichkeit und Fairness in ihren KI-Systemen priorisieren. Dazu gehört die Durchführung regelmäßiger Audits, die Einbeziehung vielfältiger Teams in den Entwicklungsprozess und die Einhaltung ethischer Richtlinien.

Sicherstellung eines ethischen und unvoreingenommenen KI-Verhaltens

1. Ethische Richtlinien und Rahmenbedingungen: Die Festlegung ethischer Richtlinien und Rahmenbedingungen ist unerlässlich, um sicherzustellen, dass KI-Systeme fair und verantwortungsbewusst arbeiten. Organisationen sollten Richtlinien entwickeln und implementieren, die ethische Bedenken wie Datenschutz, Fairness und Transparenz berücksichtigen. Rahmenbedingungen wie die KI-Ethikrichtlinien der Europäischen Kommission bieten Grundsätze für die Entwicklung ethischer KI-Systeme.

2. Vielfältige und umfassende Daten: Wenn sichergestellt wird, dass die zum Trainieren von KI-Systemen verwendeten Daten vielfältig und umfassend sind, trägt dies dazu bei, Voreingenommenheit zu verringern und die Fairness zu verbessern. Organisationen sollten bestrebt sein, Daten aus vielfältigen Quellen zu sammeln und verschiedene

demografische Faktoren zu berücksichtigen. Im Gesundheitswesen kann beispielsweise die Verwendung von Daten unterschiedlicher Bevölkerungsgruppen zu genaueren und gerechteren Diagnosen führen.

3. Transparenz und Rechenschaftspflicht: Transparenz und Rechenschaftspflicht sind entscheidend, um Vertrauen in KI-Systeme aufzubauen. Organisationen sollten klare Erklärungen darüber abgeben, wie KI-Modelle Entscheidungen treffen, und Informationen über die verwendeten Daten offenlegen. Rechenschaftsmechanismen wie externe Audits und unabhängige Überprüfungen können dazu beitragen, sicherzustellen, dass KI-Systeme ethischen Standards entsprechen.

4. Kontinuierliche Überwachung und Verbesserung: Kontinuierliche Überwachung und Verbesserung sind für die Aufrechterhaltung eines ethischen und unvoreingenommenen KI-Verhaltens unerlässlich. Organisationen sollten KI-Systeme regelmäßig auf Fairness, Genauigkeit und Leistung prüfen. Feedback von Benutzern und Stakeholdern kann verwendet werden, um Probleme zu identifizieren und zu beheben und sicherzustellen, dass sich KI-Systeme weiterentwickeln, um ethischen Standards zu entsprechen.

5. Stakeholder einbeziehen: Die Einbeziehung von Stakeholdern, darunter Benutzer, Experten und politische Entscheidungsträger, ist wichtig, um ethisches und unvoreingenommenes KI-Verhalten zu fördern. Die

Zusammenarbeit mit unterschiedlichen Gruppen kann wertvolle Erkenntnisse und Perspektiven liefern und dazu beitragen, KI-Systeme zu entwickeln, die fair und integrativ sind.

Die Wissenschaft der KI-Entscheidungsfindung und die Rolle von Daten bei der Gestaltung des KI-Verhaltens sind grundlegende Aspekte bei der Entwicklung und Bereitstellung von KI-Systemen. Das Verständnis, wie KI-Systeme Informationen verarbeiten, Entscheidungen treffen und aus Daten lernen, liefert wertvolle Einblicke in ihre Fähigkeiten und Grenzen. Bestärkendes Lernen spielt eine entscheidende Rolle bei der Verhaltensbildung und ermöglicht es KI-Systemen, ihre Entscheidungsprozesse anzupassen und zu verbessern.

TEIL 2: KI-VERHALTENSMUSTER IN AKTION

Mustererkennung und KI: Die Bausteine

Mustererkennung ist ein grundlegender Aspekt der KI. Sie ermöglicht es Systemen, Muster in riesigen Datenmengen zu erkennen und zu interpretieren. Diese Fähigkeit ist die Grundlage vieler KI-Anwendungen und von entscheidender Bedeutung für die Weiterentwicklung der KI-Technologie.

Wie KI Muster in großen Datensätzen erkennt

Bei der Mustererkennung in der KI werden große Datensätze analysiert, um Regelmäßigkeiten, Trends und Anomalien zu erkennen. Der Prozess umfasst in der Regel die folgenden Schritte:

1. Datenerfassung und Vorverarbeitung: KI-Systeme sammeln zunächst große Datenmengen, darunter Text, Bilder, Audiodaten und Sensordaten. Diese Rohdaten müssen häufig vorverarbeitet werden, um sie zu bereinigen, zu normalisieren und für die Analyse zu formatieren. Zur Vorbereitung der Daten werden Techniken wie Datenfilterung, Rauschunterdrückung und Merkmalsextraktion eingesetzt.
2. Merkmalsextraktion: Bei der Merkmalsextraktion geht es darum, die relevantesten Aspekte der Daten zu identifizieren, die bei der Mustererkennung hilfreich

sind. Bei der Bildverarbeitung können Merkmale Kanten, Texturen oder Farben sein. Bei der Textanalyse können Merkmale Schlüsselwörter, syntaktische Strukturen oder semantische Bedeutungen sein.
3. Algorithmen zur Mustererkennung: KI verwendet verschiedene Algorithmen, um Muster in den Daten zu erkennen:
    - Klassifizierungsalgorithmen: Diese Algorithmen ordnen Daten auf Grundlage von in den Trainingsdaten identifizierten Mustern vordefinierten Kategorien zu. Zu den gängigen Klassifizierungsalgorithmen gehören Entscheidungsbäume, Support Vector Machines (SVM) und neuronale Netzwerke.
    - Clustering-Algorithmen: Clustering-Algorithmen gruppieren ähnliche Datenpunkte anhand ihrer Eigenschaften. K-Means-Clustering und hierarchisches Clustering sind beliebte Methoden, um natürliche Gruppierungen innerhalb von Daten zu identifizieren.
    - Assoziationsregellernen: Diese Technik deckt Beziehungen zwischen Variablen in großen Datensätzen auf. Bei der Warenkorbanalyse kann das Assoziationsregellernen beispielsweise aufdecken, welche Produkte häufig zusammen gekauft werden.
4. Modelltraining und -bewertung: Sobald die Mustererkennungsalgorithmen angewendet wurden, wird das KI-Modell mithilfe gekennzeichneter Daten trainiert. Die Leistung des Modells wird anhand von

Metriken wie Genauigkeit, Präzision, Rückruf und F1-Score bewertet. Kontinuierliche Verfeinerung und Feinabstimmung des Modells tragen dazu bei, seine Mustererkennungsfähigkeiten zu verbessern.

5. Fallstudie: Bilderkennung mit Convolutional Neural Networks (CNNs) Convolutional Neural Networks (CNNs) sind eine Klasse von Deep-Learning-Algorithmen, die speziell für Bilderkennungsaufgaben entwickelt wurden. CNNs verwenden Faltungsschichten, um automatisch Merkmale aus Bildern zu extrahieren, und Pooling-Schichten, um
6. Dimensionalität reduzieren. Diese Architektur ermöglicht es CNNs, komplexe Muster in visuellen Daten zu erkennen. Beispielsweise verwendet Googles DeepDream- Projekt CNNs, um Muster in Bildern zu verbessern und zu visualisieren. Durch Training mit riesigen Bilddatensätzen kann das neuronale Netzwerk von DeepDream Muster erkennen und verstärken und so visuell beeindruckende und manchmal surreale Bilder erzeugen.

Anwendungen in Bilderkennung, Sprachverarbeitung und mehr

Mustererkennung spielt in zahlreichen KI-Anwendungen eine zentrale Rolle, von der Bilderkennung bis zur Sprachverarbeitung und darüber hinaus.

Bilderkennung: KI-Systeme nutzen Mustererkennung, um Objekte, Gesichter und Szenen in Bildern zu identifizieren. Zu den Anwendungen gehören:

- Gesichtserkennung: Die Gesichtserkennung wird in Sicherheitssystemen, Social-Media-Plattformen und zum Entsperren von Smartphones verwendet und identifiziert Personen anhand einzigartiger Gesichtsmerkmale.
- Medizinische Bildgebung: KI analysiert medizinische Bilder wie Röntgen- und MRT-Aufnahmen, um Anomalien zu erkennen und bei der Diagnose zu helfen. Beispielsweise können KI-Systeme Anzeichen von Krebs oder Knochenbrüchen mit hoher Genauigkeit erkennen.

Sprachverarbeitung: Die Verarbeitung natürlicher Sprache (Natural Language Processing, NLP) nutzt Mustererkennung, um menschliche Sprache zu verstehen und zu generieren. Zu den wichtigsten Anwendungen gehören:

- Maschinelle Übersetzung: KI-Systeme übersetzen Text zwischen Sprachen, indem sie Muster in der Syntax und Semantik der Sprache erkennen. Google Translate ist ein prominentes Beispiel für diese Anwendung.
- Spracherkennung: Systeme wie Siri und Google Assistant nutzen Mustererkennung, um gesprochene Sprache in Text umzuwandeln und Benutzerbefehle zu verstehen.

Finanzanalyse: Im Finanzwesen nutzt KI Mustererkennung, um Markttrends zu analysieren, Aktienkurse vorherzusagen und betrügerische Aktivitäten aufzudecken. Beispielsweise können KI-Algorithmen Muster in Handelsdaten erkennen, um Marktbewegungen vorherzusagen oder Unregelmäßigkeiten zu erkennen, die auf Betrug hindeuten.

Gesundheitsdiagnostik: KI-Systeme analysieren Muster in Patientendaten, um Krankheiten zu diagnostizieren und Behandlungen zu empfehlen. Beispielsweise können prädiktive Modelle Muster in Patientensymptomen und der Krankengeschichte erkennen, um mögliche Diagnosen vorzuschlagen.

Fallstudie: IBM Watson für das Gesundheitswesen

IBM Watson for Healthcare verwendet Mustererkennung, um große Mengen medizinischer Literatur und Patientendaten zu analysieren. Das System erkennt Muster in Bezug auf Krankheiten, Behandlungen und Patientenergebnisse und unterstützt Ärzte bei der Entscheidungsfindung. Watson for Healthcare wurde bereits zur Analyse von Krebsfällen eingesetzt und hilft Onkologen bei der Auswahl personalisierter Behandlungspläne auf der Grundlage von in Patientendaten erkannten Mustern.

Die Zukunft der Mustererkennung in der KI-Evolution

Die Zukunft der Mustererkennung in der KI wird wahrscheinlich technologische und methodische Fortschritte mit sich bringen, die die Fähigkeiten und Anwendungen von KI-Systemen verbessern.

Fortgeschrittene Algorithmen: Neue Algorithmen wie Transformatoren und Aufmerksamkeitsmechanismen sollen die Mustererkennung in verschiedenen Bereichen verbessern. Diese Algorithmen verbessern die Fähigkeit von KI-Systemen, komplexe und umfangreiche Daten zu verarbeiten.

Integration mit anderen Technologien: Die Integration der Mustererkennung mit anderen Technologien wie Augmented Reality (AR) und Virtual Reality (VR) wird neue Anwendungen und Erfahrungen schaffen. Beispielsweise könnten AR-Anwendungen Mustererkennung nutzen, um Kontextinformationen auf reale Objekte zu legen.

Erklärbare KI: Da KI-Systeme immer komplexer werden, wird der Schwerpunkt zunehmend auf erklärbare KI (XAI) liegen. Erklärbare KI zielt darauf ab, den Entscheidungsprozess von KI-Systemen transparent und verständlich zu machen und Benutzern zu helfen, den Ergebnissen der Mustererkennung zu vertrauen und sie zu interpretieren.

Ethische Überlegungen: Die Zukunft der Mustererkennung wird auch ethische Bedenken wie Datenschutz und Voreingenommenheit ansprechen. Für ihre Einführung und Akzeptanz ist es entscheidend, sicherzustellen, dass KI-Systeme die Privatsphäre der Benutzer respektieren und unvoreingenommene Entscheidungen treffen.

KI IN DER MODELLIERUNG MENSCHLICHEN VERHALTENS

Die Fähigkeit der KI, menschliches Verhalten zu modellieren, hat erhebliche Auswirkungen auf verschiedene Branchen, vom Marketing bis hin zum Gesundheitswesen und zur Sicherheit. Das Verständnis und die Vorhersage menschlichen Verhaltens ist für die Entwicklung effektiver KI-Systeme und -Anwendungen von entscheidender Bedeutung.

Wie KI menschliches Verhalten modelliert: Von der Nachahmung zur Vorhersage

KI modelliert menschliches Verhalten durch eine Kombination aus Datenanalyse, Mustererkennung und Verhaltenssimulationen. Der Prozess umfasst:

- Verhaltensnachahmung: Erste KI-Modelle ahmen häufig menschliches Verhalten auf der Grundlage historischer Daten und vordefinierter Regeln nach. Chatbots können beispielsweise vorgefertigte Antworten verwenden, um menschliche Gesprächsmuster zu simulieren.
- Prädiktive Modellierung: Fortgeschrittene KI-Modelle verwenden statistische und maschinelle Lerntechniken, um zukünftiges Verhalten auf der Grundlage historischer Daten vorherzusagen. Prädiktive Modelle analysieren vergangene

Verhaltensmuster, um zukünftige Aktionen vorherzusagen, wie z. B. Kaufentscheidungen von Verbrauchern oder gesundheitliche Folgen.

- Verhaltenssimulationen: Einige KI-Systeme simulieren menschliches Verhalten, indem sie digitale Darstellungen von Einzelpersonen oder Gruppen erstellen. Diese Simulationen können für Schulungen, Forschung und Entscheidungsfindung verwendet werden. Beispielsweise werden KI-gesteuerte virtuelle Menschen in folgenden Bereichen eingesetzt: Trainingssimulationen zur Nachbildung realer Interaktionen.

Fallstudie: Kundensegmentierung im Marketing Bei der KI-gesteuerten Kundensegmentierung werden Verhaltensmuster von Verbrauchern analysiert, um unterschiedliche Gruppen mit ähnlichen Merkmalen zu identifizieren. Diese Segmentierung ermöglicht es Unternehmen, Marketingstrategien und Angebote auf bestimmte Kundensegmente zuzuschneiden. Beispielsweise können KI-Modelle Kunden anhand von Kaufhistorie, Browsing-Verhalten und demografischen Informationen segmentieren und so gezielte Marketingkampagnen und personalisierte Empfehlungen ermöglichen.

Anwendungsfälle in Marketing, Gesundheitswesen und Sicherheit

Die KI-Modellierung des menschlichen Verhaltens findet in verschiedenen Bereichen praktische Anwendung:

- Marketing: Gezielte Werbung: KI-Modelle analysieren das Verbraucherverhalten, um personalisierte Werbung bereitzustellen. Durch das Verständnis der Benutzerpräferenzen und -verhaltensweisen können Unternehmen gezielte Werbekampagnen erstellen, die bei bestimmten Zielgruppen Anklang finden. Kundenerfahrung: KI-Systeme nutzen Verhaltensmodelle, um die Kundenerfahrung zu verbessern. Empfehlungsmaschinen schlagen beispielsweise Produkte auf Grundlage früherer Käufe und des Browserverlaufs vor.
- Gesundheitspflege: Personalisierte Medizin: KI-Modelle prognostizieren anhand historischer Daten und genetischer Informationen die Reaktionen von Patienten auf Behandlungen. Personalisierte medizinische Ansätze passen Behandlungen an einzelne Patienten an und verbessern so die Ergebnisse. Patientenüberwachung: KI-Systeme analysieren das Verhalten und die Gesundheitsdaten der Patienten, um frühzeitig Anzeichen einer Verschlechterung oder Nichteinhaltung von Behandlungsplänen zu erkennen.
- Sicherheit: Betrugserkennung: KI-Modelle identifizieren ungewöhnliche Muster in Finanztransaktionen, um betrügerische Aktivitäten aufzudecken. Durch die Analyse von Transaktionsdaten und Benutzerverhalten können KI-Systeme verdächtiges Verhalten kennzeichnen und Betrug verhindern. Überwachung: KI-gesteuerte Überwachungssysteme nutzen Verhaltensmodelle, um potenzielle

Sicherheitsbedrohungen zu identifizieren. Diese Systeme analysieren Muster in Videomaterial und Sensordaten, um ungewöhnliche Aktivitäten zu erkennen.

Fallstudie: Predictive Analytics im Gesundheitswesen Predictive Analytics im Gesundheitswesen nutzt KI, um Patientenergebnisse vorherzusagen und Behandlungspläne zu optimieren. Beispielsweise analysieren KI-Modelle Patientendaten, um die Wahrscheinlichkeit einer Wiederaufnahme nach einer Operation vorherzusagen. Diese Informationen helfen Gesundheitsdienstleistern, frühzeitig einzugreifen und die Wiederaufnahmerate zu senken.

Ethische Überlegungen bei der KI-gesteuerten Verhaltensmodellierung

Die Modellierung menschlichen Verhaltens mit KI wirft mehrere ethische Fragen auf, unter anderem in Bezug auf Datenschutz, Voreingenommenheit und Transparenz.

Datenschutz: KI-Systeme, die menschliches Verhalten modellieren, benötigen häufig Zugriff auf persönliche und sensible Daten. Es ist wichtig sicherzustellen, dass Daten unter Einhaltung der Datenschutzbestimmungen erfasst, gespeichert und verwendet werden. Benutzer sollten über die Verwendung ihrer Daten informiert sein und Kontrolle über deren Zugriff haben.

Verzerrung: KI-Modelle können bestehende Verzerrungen aufrechterhalten oder verstärken, wenn sie mit verzerrten Daten trainiert werden. Es ist entscheidend, die Verzerrung in KI-Systemen anzugehen, um faire und gerechte Ergebnisse zu gewährleisten. Techniken wie die Erkennung und Korrektur von Verzerrungen sowie eine vielfältige Datenerfassung können dazu beitragen, Verzerrungen zu verringern.

Transparenz: Transparenz bei der KI-Verhaltensmodellierung bedeutet, den Entscheidungsprozess verständlich und interpretierbar zu machen. Benutzer sollten verstehen können, wie KI-Modelle Vorhersagen und Empfehlungen treffen, um Vertrauen und Verantwortlichkeit zu fördern.

Fallstudie: Voreingenommenheit bei Einstellungsalgorithmen

Die für die Rekrutierung und Auswahl verwendeten Einstellungsalgorithmen können aufgrund von Geschlecht, ethnischer Zugehörigkeit oder anderen Faktoren voreingenommen sein. Um diese Voreingenommenheiten zu beseitigen, müssen Fairness-Audits durchgeführt, vielfältige Trainingsdaten verwendet und faire Einstellungspraktiken sichergestellt werden.

SOZIALE KI: INTERAKTIONEN UND BEZIEHUNGEN STEUERN

Soziale KI bezeichnet KI-Systeme, die für die Interaktion mit Menschen konzipiert sind.

sozial bewusste Art und Weise. Diese Systeme zielen darauf ab, menschliche Emotionen, Kommunikationsstile und soziale Kontexte zu verstehen und darauf zu reagieren.

Die Rolle der KI bei sozialen Interaktionen und der Kommunikation

KI spielt eine wichtige Rolle bei sozialen Interaktionen, indem sie die Kommunikation erleichtert und das Benutzererlebnis verbessert. Zu den wichtigsten Bereichen gehören:

Virtuelle Assistenten: Virtuelle Assistenten wie Siri, Alexa und Google Assistant nutzen KI, um Benutzeranfragen zu verstehen und zu beantworten. Diese Assistenten liefern Informationen, führen Aufgaben aus und beteiligen sich an Gesprächen, wodurch Benutzerfreundlichkeit und Zugänglichkeit verbessert werden.

Soziale Medien: KI-Algorithmen kuratieren Inhalte und empfehlen Beiträge basierend auf Benutzerinteraktionen und -präferenzen. Diese Algorithmen analysieren das Verhalten in sozialen Medien, um den Benutzern relevante und ansprechende Inhalte bereitzustellen.

Emotionserkennung: KI-Systeme können Gesichtsausdrücke, Stimmlage und Körpersprache analysieren, um zu erkennen

Emotionen. Emotionserkennung verbessert Interaktionen, indem sie es der KI ermöglicht, empathisch und angemessen zu reagieren. Fallstudie: Replika – AI Companion Replika ist ein KI-gestützter Chatbot, der emotionale Unterstützung und Begleitung bieten soll. Das System nutzt natürliche Sprachverarbeitung und maschinelles Lernen, um sinnvolle Gespräche zu führen und personalisierte Antworten basierend auf Benutzerinteraktionen anzubieten.

Virtuelle Assistenten und der Aufstieg sozial intelligenter KI

Die Entwicklung sozial intelligenter KI zielt darauf ab, Systeme zu schaffen, die komplexe soziale Dynamiken verstehen und steuern. Zu den wichtigsten Aspekten gehören:

Konversations-KI: Konversations-KI-Systeme sind darauf ausgelegt, natürliche und zusammenhängende Dialoge mit Benutzern zu führen. Diese Systeme verwenden fortschrittliche Sprachmodelle, um kontextbezogen angemessene Antworten zu generieren und den Gesprächsfluss aufrechtzuerhalten.

Personalisierung: Sozial intelligente KI-Systeme personalisieren Interaktionen basierend auf Benutzerpräferenzen, Verlauf und Kontext. Diese Personalisierung verbessert das Benutzererlebnis, indem Antworten und Empfehlungen auf individuelle Bedürfnisse zugeschnitten werden.

Adaptives Verhalten: KI-Systeme passen ihr Verhalten basierend auf Benutzerfeedback und Interaktionen an. Beispielsweise können virtuelle Assistenten ihren Ton, ihre

Sprache und ihren Stil basierend auf Benutzerpräferenzen und emotionalen Hinweisen anpassen.

Fallstudie: Microsoft Cortana: Microsoft Cortana ist ein virtueller Assistent, der sich in Microsoft-Dienste und -Geräte integrieren lässt. Zu den Konversationsfunktionen von Cortana gehören das Einstellen

Erinnerungen, Beantwortung von Fragen und Bereitstellung von Empfehlungen. Der Assistent passt sich den Benutzerpräferenzen an und lernt aus Interaktionen, um seine Antworten im Laufe der Zeit zu verbessern.

Herausforderungen und Chancen bei der Entwicklung sozial bewusster KI

Die Entwicklung einer sozial bewussten KI bringt sowohl Herausforderungen als auch Chancen mit sich:

Herausforderungen:

- Kulturelle Sensibilität: KI-Systeme müssen mit kulturellen Unterschieden und sozialen Normen umgehen. Für eine weltweite Akzeptanz ist es unerlässlich, sicherzustellen, dass KI-Interaktionen kulturell angemessen und respektvoll sind.

- Datenschutzbedenken: Sozial bewusste KI-Systeme können vertrauliche Informationen über Benutzer sammeln. Um das Vertrauen der Benutzer aufrechtzuerhalten, ist es wichtig, Personalisierung und Datenschutz in Einklang zu bringen.

- Voreingenommenheit und Fairness: Es ist eine große Herausforderung, sicherzustellen, dass KI-Systeme alle Benutzer fair und ohne Voreingenommenheit behandeln. Die

Beseitigung von Voreingenommenheit in sozialer KI erfordert eine vielfältige Datenerfassung und strenge Tests.

Gelegenheiten:

- Verbessertes Benutzererlebnis: Sozial bewusste KI kann durch das Verständnis der Bedürfnisse und Vorlieben der Benutzer ansprechendere und zufriedenstellendere Interaktionen ermöglichen.

- Verbesserte Zugänglichkeit: KI-Systeme können die Zugänglichkeit für Menschen mit Behinderungen verbessern, indem sie maßgeschneiderte Unterstützungs- und Kommunikationstools bereitstellen.

- Empathische Unterstützung: KI kann emotionale Unterstützung und Kameradschaft bieten, insbesondere für Personen, die unter Einsamkeit oder psychischen Problemen leiden.

Fallstudie: Woebot – Chatbot für psychische Gesundheit

Woebot ist ein Chatbot, der psychische Unterstützung und kognitive Verhaltenstherapie (CBT) bietet. Das KI-System führt Gespräche mit Benutzern, um ihnen bei der Bewältigung von Stress und Angst zu helfen. Durch den Einsatz evidenzbasierter therapeutischer Techniken bietet Woebot zugängliche und einfühlsame Unterstützung.

KI UND VERHALTENSÖKONOMIE

KI überschneidet sich mit der Verhaltensökonomie, indem sie wirtschaftliches Verhalten auf der Grundlage psychologischer Erkenntnisse und datengesteuerter Ansätze analysiert und vorhersagt.

Die Schnittstelle zwischen KI und wirtschaftlichem Verhalten

KI verbessert die Verhaltensökonomie, indem sie Werkzeuge und Methoden bereitstellt, um wirtschaftliches Verhalten zu verstehen und vorherzusagen. Zu den wichtigsten Bereichen gehören:

Analyse des Verbraucherverhaltens: KI-Modelle analysieren das Verbraucherverhalten, um Muster und Vorlieben zu erkennen. Diese Analyse hilft Unternehmen, Marketingstrategien anzupassen, Preise zu optimieren und Produktangebote zu verbessern.

Vorhersage von Markttrends: KI-Systeme sagen Markttrends voraus, indem sie Wirtschaftsindikatoren, Marktdaten und Verbraucherverhalten analysieren. Diese Vorhersagen unterstützen Investoren, Unternehmen und politische Entscheidungsträger bei der Entscheidungsfindung.

Verhaltensbezogene Erkenntnisse: KI liefert Erkenntnisse darüber, wie psychologische Faktoren wirtschaftliche Entscheidungen beeinflussen. KI-Modelle können beispielsweise erkennen, wie sich Vorurteile, Heuristiken und Emotionen auf die Entscheidungen der Verbraucher auswirken.

Fallstudie: Personalisierte Empfehlungen von Amazon
Amazons Empfehlungsmaschine nutzt KI, um das Verhalten und die Vorlieben der Verbraucher zu analysieren. Das System bietet

personalisierte Produktempfehlungen basierend auf Browserverlauf, Kaufmustern und Benutzerinteraktionen. Diese Personalisierung steigert den Umsatz und verbessert das Einkaufserlebnis.

Vorhersage des Verbraucherverhaltens mit KI

KI prognostiziert Verbraucherverhalten, indem sie historische Daten analysiert und Trends und Muster identifiziert. Zu den wichtigsten Methoden gehören:

Predictive Analytics: Predictive Analytics verwendet maschinelle Lernalgorithmen, um das zukünftige Verbraucherverhalten auf der Grundlage vergangener Daten vorherzusagen. Beispielsweise sagen KI-Modelle anhand des Browserverlaufs und der Kaufmuster voraus, welche Produkte ein Kunde wahrscheinlich kaufen wird.

Segmentierung und Targeting: KI unterteilt Verbraucher anhand von Verhalten, demografischen Merkmalen und Vorlieben in unterschiedliche Gruppen. Diese Segmentierung ermöglicht gezieltes Marketing und personalisierte Angebote, die bei bestimmten Kundensegmenten Anklang finden.

Sentimentanalyse: Bei der Sentimentanalyse werden soziale Medien und Online-Bewertungen analysiert, um die Stimmung und Meinungen der Verbraucher einzuschätzen. KI-Modelle identifizieren positive, negative und neutrale Stimmungen und bieten Einblicke in die Wahrnehmung und Vorlieben der Verbraucher.

Fallstudie: Inhaltsempfehlungen von Netflix

Netflix verwendet KI, um Filme und Fernsehsendungen basierend auf Benutzerpräferenzen und Anzeigeverlauf zu empfehlen. Die Empfehlungs-Engine analysiert Muster im Benutzerverhalten, wie Wiedergabedauer und Bewertungen, um relevante Inhalte vorzuschlagen.

Dieser personalisierte Ansatz steigert die Zufriedenheit und das Engagement der Benutzer.

Wie KI die Finanzmärkte und Verbrauchertrends verändert

KI revolutioniert die Finanzmärkte und Verbrauchertrends, indem sie fortschrittliche Tools und Erkenntnisse für die Entscheidungsfindung und Analyse bereitstellt.

Algorithmischer Handel: Beim KI-gesteuerten algorithmischen Handel werden Algorithmen des maschinellen Lernens verwendet, um Trades auf der Grundlage von Marktdaten in Echtzeit auszuführen. Diese Algorithmen analysieren Markttrends, führen Trades zum optimalen Zeitpunkt aus und minimieren menschliche Eingriffe.

Betrugserkennung und -prävention: KI-Systeme erkennen und verhindern Finanzbetrug, indem sie Transaktionsmuster analysieren und Anomalien identifizieren. Modelle des maschinellen Lernens identifizieren verdächtige Aktivitäten und kennzeichnen potenziellen Betrug, wodurch die Sicherheit erhöht und finanzielle Verluste reduziert werden.

Analyse von Verbrauchertrends: KI analysiert Verbrauchertrends, indem sie Daten aus verschiedenen

Quellen untersucht, darunter soziale Medien, Online-Bewertungen und Kaufhistorie. Diese Analyse hilft Unternehmen, aufkommende Trends zu erkennen, Verbraucherpräferenzen zu verstehen und ihre Strategien anzupassen.

Fallstudie: JPMorgan Chases COiN -Plattform

Die COiN -Plattform (Contract Intelligence) von JPMorgan Chase nutzt KI zur Analyse von Rechtsdokumenten und Verträgen. Die Plattform extrahiert wichtige Informationen und identifiziert potenzielle Probleme, Rationalisierung rechtlicher Prozesse und Reduzierung des Zeitaufwands für manuelle Überprüfungen.

TEIL 3: ERWEITERTE KONZEPTE UND ZUKÜNFTIGE RICHTUNGEN

Verhaltensanpassung: KI lernt von ihrer Umgebung

Künstliche Intelligenz (KI) zeichnet sich zunehmend durch ihre Fähigkeit aus, sich auf der Grundlage von Interaktionen mit ihrer Umgebung anzupassen und weiterzuentwickeln. Diese Fähigkeit ist für KI-Systeme, die in dynamischen und komplexen Umgebungen arbeiten, von wesentlicher Bedeutung. In diesem Abschnitt untersuchen wir, wie sich KI-Systeme weiterentwickeln und anpassen, welche Rolle kontinuierliches Lernen spielt und untersuchen Fallstudien zu adaptiver KI in verschiedenen Kontexten.

Wie sich KI-Systeme im Laufe der Zeit weiterentwickeln und anpassen

KI-Systeme, insbesondere solche, die maschinelles Lernen und bestärkendes Lernen verwenden, sind so konzipiert, dass sie sich durch kontinuierliche Interaktion mit ihrer Umgebung weiterentwickeln und anpassen. Diese Anpassungsfähigkeit ist entscheidend, um mit sich ändernden Bedingungen umzugehen und die Leistung im Laufe der Zeit zu verbessern.

1. Dynamische Lernprozesse: KI-Systeme entwickeln sich durch dynamische Lernprozesse weiter, die es ihnen ermöglichen, ihr Verhalten auf der Grundlage neuer Daten

und Erfahrungen anzupassen. Ein Empfehlungssystem beispielsweise aktualisiert sein Modell kontinuierlich, wenn es neue Benutzerinteraktionen erhält, und verfeinert seine Vorschläge, um sie besser an die Benutzerpräferenzen anzupassen.

2. Inkrementelles Lernen: Inkrementelles Lernen, auch Online-Lernen genannt, ermöglicht es KI-Systemen, sich schrittweise anzupassen, indem sie neue Daten integrieren, ohne von Grund auf neu trainiert werden zu müssen. Dieser Ansatz ist besonders nützlich in Umgebungen, in denen sich die Daten ständig ändern. Beispielsweise kann sich ein im Finanzhandel eingesetztes KI-System an Marktschwankungen anpassen, indem es inkrementell aus aktuellen Handelsdaten lernt.

3. Transferlernen: Durch Transferlernen können KI-Systeme das in einer Aufgabe oder Domäne erworbene Wissen nutzen, um die Leistung in einer anderen, verwandten Aufgabe zu verbessern. Diese Technik hilft KI-Systemen, sich effizienter an neue Umgebungen anzupassen, indem sie auf zuvor erworbenem Wissen aufbaut. Beispielsweise kann ein Modell, das für die Bilderkennung in einer Domäne trainiert wurde, durch Transferlernen angepasst werden, um Objekte in einem anderen Kontext zu erkennen.

4. Evolutionäre Algorithmen: Evolutionäre Algorithmen ahmen natürliche Selektionsprozesse nach, um KI-Modelle im Laufe der Zeit weiterzuentwickeln. Diese Algorithmen verwenden Mechanismen wie Mutation, Crossover und Selektion, um Modelle iterativ zu verbessern. Evolutionäre Algorithmen werden bei Optimierungsproblemen eingesetzt, bei denen der Suchraum groß und komplex ist, beispielsweise

beim Entwurf neuronaler Netzwerkarchitekturen oder bei der Optimierung von Hyperparametern.

Die Rolle des kontinuierlichen Lernens bei der Gestaltung des KI-Verhaltens

Kontinuierliches Lernen ist ein entscheidender Faktor bei der Gestaltung des KI-Verhaltens, damit Systeme in sich verändernden Umgebungen relevant und effektiv bleiben. Dieser Ansatz beinhaltet fortlaufende Aktualisierungen und Verfeinerungen von KI-Modellen basierend auf neuen Daten und Erfahrungen.

1. Online-Lernen: Online-Lernalgorithmen verarbeiten Daten sequenziell und aktualisieren das Modell schrittweise, wenn neue Daten eintreffen. Mit diesem Ansatz können sich KI-Systeme an neue Trends und Muster anpassen, ohne dass eine vollständige Neuschulung erforderlich ist. Beispielsweise kann ein Online-Lernalgorithmus einen Spamfilter kontinuierlich aktualisieren, um neue Arten von E-Mail-Bedrohungen zu erkennen.

2. Adaptive Lernraten: Adaptive Lernraten passen die Geschwindigkeit an, mit der ein KI-Modell aus neuen Daten lernt. Diese Technik hilft dabei, die Notwendigkeit, neue Informationen zu integrieren und gleichzeitig zuvor erlerntes Wissen beizubehalten, auszugleichen. Beispielsweise können adaptive Lernraten in neuronalen Netzwerken verwendet werden, um sicherzustellen, dass das Modell seine Gewichte während des Trainings effektiv aktualisiert.

3. Lebenslanges Lernen: Lebenslanges Lernen bezieht sich auf die Fähigkeit von KI-Systemen, während ihrer gesamten Betriebsdauer kontinuierlich zu lernen und sich anzupassen.

Dieser Ansatz ermöglicht es KI-Systemen, im Laufe der Zeit Wissen und Fähigkeiten anzusammeln und so ihre Leistung und Vielseitigkeit zu verbessern. Lebenslanges Lernen ist für Anwendungen unerlässlich, bei denen KI-Systeme mit einer Vielzahl von Aufgaben und Umgebungen umgehen müssen.

4. Selbstüberwachtes Lernen: Beim selbstüberwachten Lernen werden KI-Modelle mit nicht gekennzeichneten Daten trainiert, indem aus den Daten selbst Überwachungssignale generiert werden. Mit diesem Ansatz können KI-Systeme Darstellungen und Muster erlernen, ohne dass umfangreiche gekennzeichnete Datensätze erforderlich sind. Selbstüberwachtes Lernen ist besonders in Bereichen nützlich, in denen gekennzeichnete Daten selten oder teuer zu beschaffen sind.

Fallstudien zu adaptiver KI in dynamischen Umgebungen

1. Autonome Fahrzeuge: Autonome Fahrzeuge sind Paradebeispiele für adaptive KI-Systeme, die in dynamischen Umgebungen arbeiten. Diese Fahrzeuge passen sich kontinuierlich an wechselnde Straßenbedingungen, Verkehrsmuster und Fahrerverhalten an. Fortschrittliche Algorithmen und Sensoren ermöglichen es autonomen Fahrzeugen, Entscheidungen in Echtzeit zu treffen, wie z. B. die Geschwindigkeit anzupassen, die Spur zu wechseln und Hindernisse zu umfahren.

2. Personalisiertes Marketing: KI-Systeme, die im personalisierten Marketing eingesetzt werden, passen sich kontinuierlich an das Verhalten und die Vorlieben der Benutzer an. Beispielsweise verwenden Online-

Werbeplattformen adaptive Algorithmen, um die Anzeigenausrichtung und -platzierung basierend auf Benutzerinteraktionen und Engagement-Metriken zu optimieren. Diese Systeme verfeinern ihre Empfehlungen, um Relevanz und Wirksamkeit zu erhöhen.

3. Smart-Home-Systeme: Smart-Home-Systeme wie Sprachassistenten und automatisierte Haussteuerungen passen sich mit der Zeit an die Routinen und Vorlieben der Benutzer an. Diese Systeme lernen aus Benutzerinteraktionen und passen ihr Verhalten an, um personalisiertere Erfahrungen zu bieten. Ein intelligenter Thermostat könnte beispielsweise die Temperaturpräferenzen eines Haushalts lernen und die Heiz- und Kühleinstellungen entsprechend anpassen.

4. Medizinische Diagnose: KI-Systeme, die in der medizinischen Diagnose eingesetzt werden, passen sich an neue Daten und sich entwickelnde medizinische Erkenntnisse an. So können beispielsweise Diagnosetools, die medizinische Bilder analysieren, ihre Genauigkeit verbessern, da sie mehr Bilder verarbeiten und aus Expertenfeedback lernen. Diese Systeme können sich an neue Arten anpassen

von Krankheiten und Bildgebungsverfahren und verbessern so ihre Diagnosemöglichkeiten.

KI IN AUTONOMEN SYSTEMEN: VERHALTEN IN BEWEGUNG

Autonome Systeme, darunter Fahrzeuge, Drohnen und Roboter, stellen einige der fortschrittlichsten Anwendungen der KI dar. Diese Systeme verlassen sich auf ausgefeilte Algorithmen, um komplexe Verhaltensweisen zu zeigen und in dynamischen Umgebungen Entscheidungen in Echtzeit zu treffen. In diesem Abschnitt werden die Verhaltensmuster in autonomen Systemen, Entscheidungsprozesse und die Zukunft der KI-Autonomie untersucht.

Verhaltensmuster in autonomen Fahrzeugen, Drohnen und der Robotik

1. Autonome Fahrzeuge: Autonome Fahrzeuge nutzen KI, um zu navigieren und Fahrentscheidungen in Echtzeit zu treffen. Diese Fahrzeuge verlassen sich auf eine Kombination aus Sensoren, Kameras und Algorithmen des maschinellen Lernens, um ihre Umgebung zu interpretieren und Entscheidungen zu treffen. Zu den Verhaltensmustern autonomer Fahrzeuge gehören Spurhalten, adaptive Geschwindigkeitsregelung und Hindernisvermeidung. Beispielsweise nutzt das Autopilot-System von Tesla Deep Learning, um Sensordaten zu analysieren und Fahrentscheidungen zu treffen, wie etwa die Geschwindigkeit anzupassen und die Spur zu wechseln.

2. Drohnen: Drohnen nutzen KI, um Aufgaben wie Luftüberwachung, Lieferung und Kartierung auszuführen. KI-Algorithmen ermöglichen es Drohnen, in komplexen Umgebungen zu navigieren, Hindernissen auszuweichen und

Missionen autonom abzuschließen. Zu den Verhaltensmustern von Drohnen gehören Pfadplanung, Kollisionsvermeidung und Echtzeitanpassungen basierend auf Umweltveränderungen. Für Beispielsweise nutzen Lieferdrohnen KI, um Flugrouten zu optimieren und Hindernissen bei der Paketzustellung auszuweichen.

3. Robotik: Robotikanwendungen wie Industrieroboter und Serviceroboter verlassen sich auf KI, um Aufgaben auszuführen und mit ihrer Umgebung zu interagieren. Zu den Verhaltensmustern von Robotern gehören Objektmanipulation, Navigation und Mensch-Roboter-Interaktion. Beispielsweise passen in der Fertigung eingesetzte kollaborative Roboter (Cobots) ihr Verhalten je nach ausgeführten Aufgaben und der Anwesenheit menschlicher Bediener an.

Entscheidungsfindung und Problemlösung in Echtzeit

1. Entscheidungsfindung in Echtzeit: Autonome Systeme müssen Entscheidungen in Echtzeit auf der Grundlage sich schnell ändernder Bedingungen treffen. Zu den in diesen Systemen verwendeten KI-Algorithmen gehören Echtzeit-Datenverarbeitung, Entscheidungsbäume und bestärkendes Lernen. Bei der Entscheidungsfindung in Echtzeit werden Sensordaten verarbeitet, Ergebnisse vorhergesagt und Aktionen ausgewählt, mit denen die gewünschten Ziele erreicht werden.

2. Problemlösungstechniken: Autonome Systeme nutzen Problemlösungstechniken, um Herausforderungen anzugehen und Ziele zu erreichen. Techniken wie Planungsalgorithmen,

Optimierungsmethoden und heuristische Suche werden eingesetzt, um komplexe Probleme zu lösen. Beispielsweise bestimmt der Pfadplanungsalgorithmus eines autonomen Fahrzeugs die optimale Route, um ein Verkehrsszenario zu bewältigen und dabei Hindernisse zu vermeiden.

3. Adaptive Steuerung: Adaptive Steuerungstechniken ermöglichen es autonomen Systemen, ihr Verhalten basierend auf Rückmeldungen und sich ändernden Bedingungen anzupassen. Diese Techniken beinhalten Ändern von Steuerungsparametern und -strategien zur Verbesserung der Systemleistung. Beispielsweise ermöglicht die adaptive Steuerung in der Robotik Robotern, ihre Bewegungen an Veränderungen in der Umgebung oder an Aufgabenanforderungen anzupassen.

Die Zukunft der Autonomie und des KI-Verhaltens in komplexen Umgebungen

1. Verbesserte Autonomie: Die Zukunft der Autonomie umfasst die Weiterentwicklung von KI-Algorithmen und -Technologien, um immer komplexere Umgebungen und Aufgaben zu bewältigen. Dazu gehört die Verbesserung der Fähigkeit autonomer Systeme, unter unvorhersehbaren Bedingungen wie extremen Wetterbedingungen oder dynamischen städtischen Umgebungen zu arbeiten. Verbesserte Autonomie wird anspruchsvollere Anwendungen ermöglichen, wie etwa autonome städtische Luftmobilität und fortschrittliche Such- und Rettungsmissionen.

2. Mensch-KI-Zusammenarbeit: Zukünftige Entwicklungen im KI-Verhalten werden sich auf die Verbesserung der Zusammenarbeit zwischen Menschen und autonomen

Systemen konzentrieren. Dazu gehört die Verbesserung der Kommunikation, Koordination und des Vertrauens zwischen menschlichen Bedienern und KI-Systemen. Die Mensch-KI-Zusammenarbeit wird für Anwendungen von entscheidender Bedeutung sein, bei denen autonome Systeme neben menschlichen Teams arbeiten, wie etwa im Gesundheitswesen, bei der Katastrophenhilfe und in der industriellen Automatisierung.

3. Ethische und regulatorische Überlegungen: Die Weiterentwicklung autonomer Systeme erfordert die Berücksichtigung ethischer und regulatorischer Überlegungen. Dazu gehört die Gewährleistung von Sicherheit, Verantwortlichkeit und Transparenz im KI-Verhalten. Die Entwicklung von Standards und Vorschriften für autonome Systeme wird für das Risikomanagement und die Förderung eines verantwortungsvollen Einsatzes der Technologie von entscheidender Bedeutung sein.

ETHIK VON KI-VERHALTENSMUSTERN

Da KI-Systeme immer stärker in die Gesellschaft integriert werden, werden ethische Überlegungen zum Verhalten von KI immer wichtiger. In diesem Abschnitt werden die moralischen Auswirkungen von KI-gesteuertem Verhalten, die Verantwortung für KI-Aktionen und die Notwendigkeit von Transparenz und Vertrauen in KI-Systeme untersucht.

Die moralischen Auswirkungen KI-gesteuerten Verhaltens

1. Ethische Entscheidungsfindung: KI-Systeme, die Entscheidungen treffen, die sich auf Einzelpersonen oder die Gesellschaft auswirken, müssen ethischen Grundsätzen entsprechen. Dazu gehört, sicherzustellen, dass Entscheidungen fair und unvoreingenommen sind und die Menschenrechte respektieren. Beispielsweise müssen KI-Systeme, die in der Strafjustiz eingesetzt werden, vermeiden, bestehende Vorurteile zu verstärken, und sicherstellen, dass ihre Entscheidungen nicht zu einer unfairen Behandlung von Einzelpersonen führen.

2. Datenschutz und Sicherheit: KI-Verhaltensweisen, die die Verarbeitung personenbezogener Daten beinhalten, müssen Datenschutz- und Sicherheitsbedenken berücksichtigen. Um das Vertrauen der Öffentlichkeit aufrechtzuerhalten, ist es von entscheidender Bedeutung, sicherzustellen, dass KI-Systeme vertrauliche Informationen schützen und Datenschutzbestimmungen einhalten. Dazu gehört die Implementierung robuster Sicherheitsmaßnahmen und die

Gewährleistung von Transparenz hinsichtlich der Datennutzung.

3. Verantwortlichkeit für Ergebnisse: Die moralischen Implikationen von KI-gesteuertem Verhalten beinhalten auch die Verantwortlichkeit für die Ergebnisse von KI-Entscheidungen. Dazu gehört die Bestimmung, wer verantwortlich ist, wenn KI-Systeme Schaden anrichten oder Fehler machen. Die Festlegung klarer Verantwortlichkeitsrahmen und -mechanismen zur Lösung von Problemen ist für einen ethischen KI-Einsatz von entscheidender Bedeutung.

KI-Verantwortlichkeit: Wer ist für KI-Aktionen verantwortlich?

1. Verantwortlichkeit definieren: Zur Verantwortlichkeit für KI-Aktionen gehört die Identifizierung der Personen oder Stellen, die für das Design, die Entwicklung und den Einsatz von KI-Systemen verantwortlich sind. Dazu gehört, sicherzustellen, dass KI-Systeme wie vorgesehen funktionieren, und alle auftretenden Probleme zu beheben. Verantwortlichkeitsrahmen sollten Rollen und Verantwortlichkeiten umreißen, einschließlich derer von Entwicklern, Betreibern und Organisationen.

2. Rechtliche und regulatorische Rahmenbedingungen: Rechtliche und regulatorische Rahmenbedingungen sind unerlässlich, um die Verantwortlichkeit für KI-Aktionen zu etablieren. Dazu gehört die Entwicklung von Gesetzen und Vorschriften, die Haftung, Sicherheit und ethische Aspekte berücksichtigen. So können Vorschriften beispielsweise von Organisationen verlangen, Folgenabschätzungen

durchzuführen und sicherzustellen, dass KI-Systeme den Sicherheitsstandards entsprechen.

3. Ethische Aufsicht: Die ethische Aufsicht umfasst die Einrichtung von Mechanismen zur Bewertung und Behandlung ethischer Bedenken im Zusammenhang mit dem Verhalten von KI. Dazu gehört die Bildung von Ethikkommissionen, die Durchführung regelmäßiger Audits und die Einbeziehung verschiedener Interessengruppen in Entscheidungsprozesse. Die ethische Aufsicht stellt sicher, dass KI-Systeme mit gesellschaftlichen Werten und Prinzipien übereinstimmen.

Transparenz und Vertrauen in KI-Systeme gewährleisten

1. Transparenz bei der Entscheidungsfindung durch KI: Transparenz bedeutet, klare Erklärungen darüber abzugeben, wie KI-Systeme Entscheidungen treffen und wie sie Daten verarbeiten. Dazu gehört die Offenlegung von Informationen über Algorithmen, Datenquellen und Entscheidungsprozesse. Transparenz hilft beim Aufbau von Vertrauen und ermöglicht es Benutzern, KI-Entscheidungen zu verstehen und in Frage zu stellen.

2. Erklärbarkeit: Erklärbarkeit bezeichnet die Fähigkeit von KI-Systemen, verständliche Erklärungen für ihre Entscheidungen und Handlungen zu liefern. Um die Erklärbarkeit zu verbessern, werden Techniken wie Modellinterpretierbarkeit und Erklärungsgenerierung eingesetzt. So kann beispielsweise die Bereitstellung von Einblicken in die Art und Weise, wie ein Empfehlungssystem zu einem bestimmten Vorschlag gelangt, das Vertrauen der Nutzer stärken.

3. Öffentliches Engagement: Die Einbindung der Öffentlichkeit in Diskussionen über KI-Verhalten und -Ethik ist entscheidend, um Vertrauen zu schaffen und Bedenken auszuräumen. Dazu gehört die Einbindung von Interessengruppen in den Entwicklungsprozess, die Durchführung öffentlicher Konsultationen und die Bereitstellung von Bildungsressourcen über KI-Technologie und ihre Auswirkungen.

KI UND DIE ZUKUNFT DER MENSCH-KI-INTERAKTION

Mit der Weiterentwicklung der KI-Technologie wird sich die Beziehung zwischen Menschen und KI-Systemen erheblich verändern. In diesem Abschnitt werden Vorhersagen für die nächste Welle von KI-Verhalten, die sich entwickelnde Beziehung zwischen Menschen und KI sowie die Schritte untersucht, die erforderlich sind, um die Gesellschaft auf die wachsende Rolle der KI vorzubereiten.

Vorhersagen für die nächste Welle von KI-Verhaltensweisen

1. Verbesserte Personalisierung: Zukünftige KI-Systeme werden über verbesserte Personalisierungsfunktionen verfügen und Erfahrungen und Interaktionen auf der Grundlage individueller Vorlieben und Verhaltensweisen anpassen. Dazu gehört die Bereitstellung relevanterer Empfehlungen, angepasster Inhalte und adaptiver Schnittstellen, die auf die Bedürfnisse der Benutzer eingehen.

2. Fortgeschrittene Mensch-KI-Zusammenarbeit: Die nächste Welle von KI-Verhaltensweisen wird fortgeschrittenere Formen der Mensch-KI-Zusammenarbeit beinhalten. Dazu gehört die Entwicklung von KI-Systemen, die nahtlos mit menschlichen Teams zusammenarbeiten und so die Produktivität und Entscheidungsfindung verbessern. Beispiele hierfür sind kollaborative Roboter in der Fertigung und KI-gestützte Kreativwerkzeuge.

3. Emotionale Intelligenz: KI-Systeme werden zunehmend emotionale Intelligenz aufweisen, die es ihnen ermöglicht,

auf menschliche Emotionen reagieren. Dazu gehört die Entwicklung empathischer Interaktionen und die Bereitstellung von Unterstützung in Bereichen wie psychischer Gesundheit und Kundenservice.

Die sich entwickelnde Beziehung zwischen Mensch und KI

1. Integration in das tägliche Leben: KI-Systeme werden immer stärker in das tägliche Leben integriert und beeinflussen verschiedene Aspekte wie Arbeit, Bildung und Unterhaltung. Diese Integration erfordert die Anpassung an neue Interaktionen und das Verständnis der Auswirkungen von KI auf das persönliche und berufliche Umfeld.

2. Zusammenarbeit zwischen Mensch und KI bei der Entscheidungsfindung: Die Zusammenarbeit zwischen Mensch und KI bei der Entscheidungsfindung wird immer wichtiger. Dazu gehört der Einsatz von KI zur Unterstützung komplexer Entscheidungen, zur Verbesserung der Problemlösung und zur Bereitstellung von Erkenntnissen in Bereichen wie Gesundheitswesen, Finanzen und Governance.

3. Gesellschaftliche Auswirkungen angehen: Um sich auf die wachsende Rolle der KI vorzubereiten, müssen gesellschaftliche Auswirkungen angegangen werden, wie etwa Veränderungen in den Bereichen Beschäftigung, Bildung und soziale Dynamik. Dazu gehört die Entwicklung von Strategien zur Bewältigung von Übergängen und zur Gewährleistung einer gerechten Verteilung der Vorteile der KI.

Die Gesellschaft auf die wachsende Rolle der KI im Alltag vorbereiten

1. Bildung und Ausbildung: Bildung und Ausbildung über KI-Technologie sind unerlässlich, um die Gesellschaft auf ihre wachsende Rolle vorzubereiten. Dazu gehört die Entwicklung von Lehrplänen, die KI-Grundlagen, ethische Überlegungen und praktische anwendungen. Bildung wird den Einzelnen helfen, die Auswirkungen der KI auf ihr Leben und ihre Karriere zu verstehen und zu bewältigen.

2. Politik und Regulierung: Die Entwicklung von Richtlinien und Vorschriften, die die Auswirkungen von KI berücksichtigen, ist entscheidend für einen verantwortungsvollen und ethischen Einsatz. Dazu gehört die Schaffung von Rahmenbedingungen für Datenschutz, algorithmische Rechenschaftspflicht und öffentliche Sicherheit. Politiker sollten mit Experten und Interessenvertretern zusammenarbeiten, um wirksame und ausgewogene Vorschriften zu entwickeln.

3. Öffentliches Bewusstsein: Die Sensibilisierung der Öffentlichkeit für KI-Technologie und ihre Auswirkungen ist wichtig, um fundierte Diskussionen und Entscheidungsfindungen zu fördern. Aufklärungskampagnen, Öffentlichkeitsarbeit und Transparenzinitiativen können Einzelpersonen helfen, die Vorteile und Risiken der KI zu verstehen.

ABSCHLUSS

Am Ende unserer Erkundung der Welt der KI-Verhaltensmuster wird deutlich, dass das Verständnis dieser Muster nicht nur eine akademische Übung ist, sondern ein entscheidender Bestandteil der effektiven Nutzung von KI im Unternehmertum. In diesem Buch haben wir uns eingehend damit befasst, wie sich KI verhält, lernt und anpasst und wie diese Verhaltensweisen genutzt werden können, um Innovation und Erfolg im Geschäft voranzutreiben. Wir begannen mit der Untersuchung der grundlegenden Prinzipien der KI und hoben ihr Potenzial hervor, Branchen durch die Analyse von Daten, das Erstellen von Vorhersagen und die Automatisierung komplexer Aufgaben zu verändern. Die Verhaltensmuster der KI, von der Mustererkennung bis zum adaptiven Lernen, haben uns gezeigt, dass KI nicht nur ein Werkzeug ist, sondern ein dynamisches System, das sich im Laufe der Zeit weiterentwickeln und verbessern kann. Bei der Untersuchung spezifischer Fallstudien und Anwendungen haben wir gesehen, wie Unternehmen jeder Größe KI einsetzen, um sich einen Wettbewerbsvorteil zu verschaffen. Ob durch prädiktive Analysen, personalisierte Kundenerlebnisse oder betriebliche Effizienz – die Fähigkeit der KI, Muster zu erkennen und darauf zu reagieren, hat sich als von unschätzbarem Wert erwiesen. Es ist jedoch wichtig zu erkennen, dass mit großer Macht auch große Verantwortung einhergeht. Die ethischen Aspekte und potenziellen Verzerrungen, die KI-Systemen innewohnen, müssen berücksichtigt werden, um sicherzustellen, dass KI so eingesetzt wird, dass alle Beteiligten davon profitieren. Als Unternehmer müssen wir wachsam sein und KI-Lösungen entwickeln und einsetzen, die fair, transparent und im Einklang mit unseren Werten sind.

www.ingramcontent.com/pod-product-compliance
Lightning Source LLC
Chambersburg PA
CBHW070209230526
45471CB00002B/892